AF346666

CONFÉRENCES SUR LE TIR

PROJETS DIVERS RELATIFS

AU NOUVEL ARMEMENT,

PAR

C. J. TACKELS,

CAPITAINE D'INFANTERIE,

Décoré de l'ordre Royal de Portugal, de N. D. de la Conception
de Villa Viciosa.

PARIS,

Ch. Tanera, éditeur,
librairie pour l'art militaire, les sciences et les arts,
Rue de Savoie, 6.

1869.

CONFÉRENCES SUR LE TIR

ET

PROJETS DIVERS RELATIFS

AU NOUVEL ARMEMENT,

PAR

C. J. TACKELS,

CAPITAINE D'INFANTERIE,

Décoré de l'ordre-Royal de Portugal, de N. D. de la Conception
de Villa Viciosa.

PARIS,
Ch. Tanera, éditeur,
librairie pour l'art militaire, les sciences et les arts,
Rue de Savoie, 6.

—

1869.

CONFÉRENCES SUR LE TIR

ET

PROJETS DIVERS RELATIFS AU NOUVEL ARMEMENT.

PUBLICATIONS DU MÊME AUTEUR :

Étude sur les pistolets.

Étude sur les armes se chargeant par la culasse.

Étude sur les armes à feu portatives, les projectiles, etc.

Les fusils Chassepot et Albini, adoptés en France et en Belgique.

Armes de guerre. — Étude pratique sur les armes se chargeant par la culasse, les mitrailleuses et leurs munitions, etc.

Petit manuel d'armement.

TABLE DES MATIÈRES.

AVANT-PROPOS.

On nous rendra cette justice que, dans le cours de nos diverses publications, nous nous sommes plus préoccupé des travaux d'autrui que des nôtres.

Discuter les idées d'un inventeur, c'est appeler sur lui l'attention publique; il ne peut donc que savoir gré à celui qui met ses œuvres en évidence, et rompt la conspiration du silence qui ne se fait que trop souvent autour de l'inventeur ou de l'auteur cherchant à se rendre utile à la société.

Quel que soit le ton de la critique, pourvu qu'elle s'exprime en termes convenables, il y a toujours honneur pour l'inventeur ou l'auteur, quand on s'occupe de ses travaux.

Or, nous le déclarons hautement, jamais nous n'avons tiré des faits signalés dans nos publications aucune induction fâcheuse pour autrui; nous avons discuté les œuvres des inventeurs belges et étrangers, parce que nous constations avec regret que, rarement, il était fait mention de leurs travaux dans les écrits relatifs à l'armement, et, cette abstention pouvant nuire à la vérité historique et au développement du progrès, qui doit passer avant toute autre considération, nous avons entrepris une campagne contre le plagiat, dans l'espoir de contribuer à rendre à des auteurs méconnus la justice qui ne leur est que trop déniée.

C'est dans ce but que nous avons conçu l'idée de nos travaux.

Si nous parlons aujourd'hui de nous, c'est moins dans un but de vaine satisfaction personnelle que dans l'espoir d'être utile, ou tout au moins, de prouver que nous avons, nous aussi, apporté notre pierre à l'édifice du progrès.

A ce mot, nous entendons plus d'un se récrier: Osez-vous bien profaner ainsi le nom du progrès et l'appliquer à des inventions qui ont pour enjeu la vie humaine ? Y a-t-il, au bout de toutes ces découvertes, autre chose que la dévastation et la mort? Votre progrès ne nous ramène-t-il pas tout droit à la barbarie ?

Ces objections, sérieuses en apparence, sont démenties par les faits. Ce n'est pas la première fois qu'on nous les aurait opposées et nous croyons les avoir réfutées d'avance.

Nous avons dit ailleurs, au risque d'être accusé de paradoxe, que l'invention de la poudre a été plus utile que funeste à l'humanité, en ce sens qu'elle a rendu les guerres plus rares, moins meurtrières, moins longues et moins désastreuses. Cela est incontestable. Or, ce premier et indéniable résultat, les perfectionnements successifs de l'armement ne peuvent que l'étendre de plus en plus, c'est-à-dire que la marche de la guerre sera toujours en sens inverse de celle de la science militaire sous toutes les formes. On nous dira qu'il serait bien plus simple de supprimer d'un coup les armements et les armées. Sans doute. Mais cette solution radicale n'a qu'un défaut, c'est d'être impraticable. Qui, nous le demandons, prendra l'initiative de cette suppression ? Et, à supposer qu'on tombât d'accord et que la mesure devînt générale, qui vous dit que cette ère pacifique serait de longue durée ? Il faut prendre l'humanité telle qu'elle est, avec ses vices et ses vertus. Or, si l'espèce humaine se transforme, elle ne change guère au fond. La guerre est un legs du passé et nul ne peut prévoir l'avenir qui le répudiera. Cela étant, il ne reste qu'à chercher à atténuer autant que possible les maux qu'elle entraîne avec elle.

Certes, nous n'avons pas la prétention de rallier tout le monde à notre avis. Mais pour ceux de nos concitoyens que nos raisons n'auront pas convaincus, nous avons tenu en réserve un argument devant lequel s'inclinera au moins leur patriotisme : c'est que, soit dans nos publications, soit dans nos expériences, nous travaillons pour une armée instituée non en vue d'invasions et de conquêtes, mais dans le seul but de défendre le sol sacré de la patrie et d'assurer à tous les Belges la paisible jouissance de la liberté, mission qu'elle ne peut accomplir efficacement qu'à la condition d'être tenue au courant de tous les progrès de la science militaire.

CHAPITRE I.

L'art de la guerre.

Napoléon disait de l'art de la guerre :

« *C'est un jeu, mais un jeu sérieux, où l'on compromet à la*
» *fois sa réputation, ses troupes et son pays.* »

Ce n'est pas ici le lieu et nous n'avons nullement l'intention de
remonter à l'origine des armées permanentes et de passer en re-
vue les divers systèmes de stratégie qui se sont succédé dans le
cours des âges. Qu'il nous suffise de citer les Perses, les Grecs, les
Romains, les Carthaginois, les Germains, les Gaulois, tous peuples guerriers qui durent successivement leur grandeur à la force
de leurs armes, pour rappeler l'ancienneté de l'institution et arriver d'emblée à l'invention de la poudre et des armes à feu qui
changea complétement l'art de la guerre.

Les phalanges et le combat en masse ont disparu pour faire
place à la nouvelle tactique introduite par Gustave-Adolphe qui, à
la tête d'une armée faible par le nombre, mais que le génie d'un
grand capitaine, combattant pour la liberté, rendait invincible,
émerveilla l'Europe par des faits d'armes et des succès inouïs.

Plus tard apparaît Vauban, dont le génie porta si haut l'art
des fortifications et le système d'investissement et d'attaques des
places fortes. Déjà l'artillerie s'était sensiblement améliorée et
avait reçu un essor considérable.

Bientôt la stratégie de campagne s'éleva à la hauteur d'une science réclamant le coup d'œil et la perspicacité du génie; car il ne s'agissait plus d'armées concentrées que le chef tenait pour ainsi dire sous la main, mais de masses d'hommes se déployant sur de vastes étendues de terrain et dont les divers mouvements habilement combinés devaient tendre vers un but unique, comme les pièces d'un échiquier conduites par une main expérimentée.

Un des souverains et en même temps homme de guerre qui fit faire les plus grands progrès à l'art de la guerre, c'est, sans contredit, Frédéric II de Prusse, successeur de Frédéric, électeur de Brandebourg, proclamé roi de Prusse, le 18 janvier 1702, à Koenisberg.

La Prusse, placée aujourd'hui au rang des nations de premier ordre et douée d'une organisation militaire si puissante, ne comptait alors qu'une population de *trois millions* d'âmes avec une armée de 76,000 hommes, dont 26,000 mercenaires.

Les revenus de l'Etat se réduisaient à une trentaine de millions, mais il existait une épargne dans le trésor royal que Frédéric sut mettre à profit pour la campagne victorieuse de Silésie.

La conquête de cette riche province en augmentant ses ressources permit au roi d'élever son armée à un effectif de 106 bataillons actifs et 191 escadrons. Vint la guerre de sept ans, et Frédéric montra à l'Europe étonnée le spectacle d'une armée de cent mille hommes manœuvrés aussi facilement qu'un simple corps de dix mille hommes, par la simplicité des marches, le déploiement et la division des troupes avec un art inconnu jusqu'alors.

Profitant de l'expérience de la guerre, le Roi forma à Spandau et à Magdebourg des camps où il s'appliqua à réformer le côté défectueux de sa tactique. On y expérimenta, au vu et au su de l'Europe, diverses innovations introduites dans les manœuvres et les armes, sans qu'aucune autre puissance cherchât à se mettre à la hauteur d'une tactique qui, renforcée par une sévère discipline des troupes, valut à un prince éclairé des succès aussi rapides qu'étonnants.

Exemple mémorable des résultats qui attendent ceux qui savent rompre avec la routine et accueillir le progrès.

Mais l'Europe semble avoir été frappée d'aveuglement à l'endroit de ce pays travaillant avec une merveilleuse activité à l'édification de sa colossale puissance.

En 1841, on voit se renouveler les faits de 1742 ; Fréderic-Guillaume ordonne la fabrication de 60,000 fusils à aiguille se chargeant par la culasse. La nouvelle s'en répand, l'arme prussienne est même modifiée et expérimentée dans plusieurs Etats, mais les gouvernements ne s'en émeuvent pas autrement, et tous restent inactifs jusqu'au jour où Sadowa vient les réveiller de leur léthargie et faire succéder une véritable fièvre à leur état de torpeur.

Ce fut encore Fréderic qui introduisit dans les manœuvres cette célérité si nécessaire aux armées à fronts développés et qui leur assure une incontestable supériorité. On peut dire que le Roi de Prusse lui dut ses plus grands succès.

Après lui apparaît le plus grand capitaine des temps modernes, l'incarnation du génie militaire. Napoléon, lui aussi, excellait à faire mouvoir des grandes masses et la rapidité de sa marche était pour ainsi dire foudroyante.

Cet homme prodigieux a résumé en lui toute la science de l'art de la guerre.

« L'art de la guerre, dit M. de Foissac, souvent occupé à se combattre lui-même, a arrêté ses propres progrès : tel est un fleuve redoutable et majestueux qui, charriant un limon grossier, le dépose en masses, et forme, en se débordant, des digues qui contrarient son propre cours. On n'aurait point à se plaindre de cet effet, si le talent horrible de détruire les hommes n'était en même temps le talent vraiment bienfaisant qui le protège. Mais le même flambeau, qui dans les mains sacrilèges d'Erostrate ne produit qu'un affreux incendie, est une lumière précieuse dans celles de l'homme équitable qui ne s'en sert que pour échapper aux écueils. »

« Si l'art de la guerre enseigne à envahir les propriétés, dit
M. de Châtellux, il apprend aussi à les défendre; inutilement le
fer serait employé à féconder la terre, s'il n'était encore destiné à
nous en assurer les productions. »

Cette grande vérité fut plus tard appuyée par le savant lieutenant-général baron de Jomini qui dit avec raison que « si, dans
les mains des conquérants, l'art de la guerre est devenu un fléau,
il n'en est pas moins vrai que les nations lui sont souvent rede-
vables de leurs succès ou de leurs revers, de leur gloire ou de
leur chute. » Ainsi, quelle que soit la manière de considérer l'art
de la guerre, soit comme offensif, soit comme défensif; comme
Rome conquérant, ou comme Spartes défendant les remparts de
son indépendance, l'art d'en diriger les opérations n'en est pas
moins très important.

L'art de la guerre est le soutien des beaux-arts comme de l'a-
griculture, du commerce et de l'industrie; sans sa protection, aucune des existences n'est possible et les éléments vitaux des gouvernements seraient également compromis.

C'est pour cela que partout l'art de la guerre est préconisé avec
beaucoup d'assiduité et à force de pratique, comme nous venons
de l'expliquer plus haut, cet escrime des peuples primitifs est devenu une science chez les hommes civilisés.

Mais quels que soient les perfectionnements apportés à l'art de
la guerre par les inventions récentes, par les chemins de fer, le
télégraphe pour la rapidité des mouvements et l'instantanéité,
pour ainsi dire, de la transmission des ordres, par les manœuvres
de surprise, et de nuit, l'avenir lui réserve encore bien de changements et surtout bien des simplifications.

Mais ce qui a toujours existé, comme on vient de le voir par ce
rapide aperçu, en faisant la force et la gloire des nations, et ce
qui doit être invariablement maintenu, sous peine pour elles de
déchoir, c'est le principe des armées permanentes non moins
indispensables aux pays neutres jaloux de conserver leur autono-
mie. C'est le cas de la Belgique. Cependant l'armée ne cesse
d'y avoir des détracteurs et des adversaires qui s'imagineraient

avoir fait une belle conquête pour le progrès s'ils parvenaient à faire décréter son licenciement. Non qu'ils veuillent la ruine du pays et la perte de son indépendance, mais s'appuyant sur des théories aussi dangereuses que peu économiques, ils entendent le préserver de toute attaque d'une autre manière, soit par l'institution d'une armée restreinte de volontaires, soit par un armement en masse des citoyens au moment du danger. Or, de ces deux moyens, l'un est inefficace et l'autre irréalisable.

Les volontaires n'atteindraient jamais le nombre d'hommes voulu et l'on n'improvise pas une armée de citoyens du jour au lendemain. Dans le premier cas, le pays serait envahi et conquis sans résistance sérieuse, et dans le second, sans qu'on ait peut-être tiré un seul coup de fusil.

La nécessité d'une armée permanente est donc indiscutable.

Pour répondre à la destination de l'organisation d'une telle armée, il faut s'adresser à une masse d'hommes dont l'instruction militaire doit être le sujet d'une préoccupation de tous les instants, afin d'obtenir une forte discipline, permettant de réunir tous les efforts et les diriger vers un même but.

Faire de cette masse confuse une troupe instruite, organisée de manière à pouvoir entrer en campagne au premier signal.

Toutes les troupes, tant de l'armée active que de la réserve, doivent être réparties en corps d'armée de manière que MM. les lieutenants généraux, les généraux de brigade et leur personnel forment des cadres toujours au complet; que les généraux jouissent de la plénitude de leur commandement et qu'ils exercent réellement les fonctions de leur grade.

Quant à l'organisation de l'armée elle-même, nous laissons ce soin aux représentants de la nation. Mais qu'on y songe bien, l'instruction du cadre entre pour une grande part dans la bonne organisation d'une armée.

Le perfectionnement des armes et des manœuvres a abandonné l'officier plus que jamais à lui-même; il doit donc être instruit et pouvoir embrasser d'un coup d'œil, avec la rapidité de l'éclair, les dispositions à prendre. Or, il est impossible de posséder des éléments si variés, comme ceux nécessaires à la connaissance de l'art de la guerre, sans une pratique journalière et il est évident que pour acquérir une somme de connaissances si multiples et si diverses, il faut quelque chose de plus que l'*improvisation*, surtout aujourd'hui, car l'art de la guerre vient de recevoir un nouvel essor par l'adoption de l'arme se chargeant par la culasse.

Les principes que nous venons d'énoncer ne sauraient être méconnus; les faits sont d'une évidence frappante.

Nous avons commencé cet aperçu par une considération judicieuse de Napoléon Ier, et nous voulons le terminer en citant les paroles du grand capitaine du 19e siècle, qui les a tracées dans une lettre écrite à son frère Joseph, le 6 juin 1806 :

« *Rien ne s'obtient à la guerre que par le calcul. Tout dans* » *une campagne demande à être profondément médité, toute opé-* » *ration demande à être faite d'après un système.*

» LE HASARD SEUL NE PEUT RIEN FAIRE RÉUSSIR. »

Telles sont les considérations générales que nous tenions à faire sur l'art de la guerre et la nécessité d'une armée permanente.

Cela dit, nous abordons la question de nos projets relatifs à l'armement.

CHAPITRE II.

A propos de nos projets.

Dès 1855, époque à laquelle nous étions détaché à la manufacture d'armes de l'Etat à Liége, notre opinion était déjà fixée sur la valeur de l'arme se chargeant par la culasse; nous avons dit pourquoi l'adoption de cette arme par tous les gouvernements ne pouvait tarder plus longtemps; cette idée ne laissait plus aucun doute dans notre esprit et, depuis lors, l'étude de l'arme à culasse mobile prit tout notre temps et *même plus.*

Après avoir travaillé en silence pendant plusieurs années, nous avons eu le courage de jeter le fruit de nos recherches dans le domaine public, en recommandant avec conviction l'arme à feu portative comme indispensable à la défense personnelle de l'officier (1).

Au mois de février 1866, c'est-à-dire bien avant les évènements de Sadowa, paraissait un second travail (2) dans lequel nous nous attachions à démontrer que l'arme se chargeant par la culasse prévaudrait sur tous les systèmes préconisés jusqu'alors. Nous

(1) *Élude sur le pistolet au point de vue de l'armement des officiers.* Paris. Tanera et chez l'auteur.

(2) *Élude sur les armes se chargeant par la culasse.* — Idem.

nous basions, pour faire ces prédictions, sur les résultats obtenus en Danemarck, où l'observateur attentif a pu remarquer l'effet terrible obtenu par le fusil à aiguille Dreyse qui venait de faire son apparition sur le champ de bataille.

Il est vrai que la victoire remportée par l'armée austro-prussienne sur le Danemarck n'était pas par elle-même de nature à émouvoir les gouvernements étrangers dont la non-intervention fut inébranlable; mais, quelque mince que fût cette guerre, il en est résulté pour nous la preuve que le chargement par la culasse représentait des avantages incontestables et que l'on pouvait dire, malgré des objections nombreuses, que l'excellence de l'arme à feu portative avait été solennellement constatée et que désormais le fusil se chargeant par la bouche était condamné.

On traita d'utopistes ceux dont la perspicacité avait deviné ce résultat, mais les événements ne tardèrent pas à prouver que leur clairvoyance n'avait point été mise en défaut. La vérité nous oblige à reconnaître que nous étions à la tête de ces utopistes, témoin notre travail conçu en 1864 et publié en février 1866; témoins encore nos différents systèmes d'armes à culasse mobile mis au jour antérieurement à cette date.

Dès 1859, en effet, outre les accessoires, tels que nécessaire d'armes et deux modèles de fourreaux en acier, (figures *A* et *B* de la dernière planche,) nous avions fait construire le canon figurant à la même planche. La fermeture est opérée par une vis à filets interrompus *C, H,* s'engageant dans un écrou taraudé séparé par des parties lisses d'égale largeur. Vis-à-vis des parties lisses, à l'extérieur sont adaptés deux crochets comme points de résistance. On agit sur le levier *L* pour ouvrir ou fermer l'appareil conduit par un guidon.

Cette pièce fut coulée à Malines et éclata à deux reprises différentes, à cause de l'entêtement du fondeur à vouloir faire la coulée avec noyau formant l'âme, au lieu de faire un cylindre d'un seul trait et de forer le tube après.

Comme nous cherchions à donner à notre nouvelle artillerie une cartouche aussi courte que possible, nous avions imaginé de comprimer la poudre de la charge, opération que nous faisions avec assez de dextérité entre les mâchoires de l'étau du maître armurier du régiment des carabiniers où nous avons rempli les fonctions d'officier d'armement pendant près de 8 ans.

Ce n'est que longtemps après qu'un ingénieur américain vint présenter à notre commission d'artillerie des cartouches avec poudre comprimée qui furent expérimentées à Liége par une commission présidée par M. le lieutenant-général Fleury-Duray; mais notre inventeur du Nouveau-Monde, qui avait cru faire à la Belgique un cadeau merveilleux, avait oublié d'étudier son projet, car il ne sut éviter l'enrochement qu'une telle charge dépose dans la chambre de l'arme après le coup tiré, inconvénient que nous écartions par l'interposition d'une rondelle en carton entre la tranche du tonnerre et le cul du *cylindre poudre* recouvert d'une couche de collodion pour le préserver de l'humidité et lui conserver son homogénéité.

Pendant les expériences, l'ingénieur américain disparut subitement de Liége, où l'on n'entendit plus parler de lui.

Nous avons appliqué aussi cette munition à une de nos armes se chargeant par la culasse; la poudre est comprimée dans l'état où elle se trouve à la sortie des magasins, où elle contient environ 3 à 4 p. %, d'humidité; de cette manière, les grains se conservent intacts et la combustion se fait parfaitement.

Nous sommes d'avis que si la poudre était comprimée d'après le système que nous venons d'énoncer et qu'au lieu de cinq grammes de poudre, on fît une tablette de deux à trois grammes, facile à placer dans un tube en cuivre; qu'au-dessus de ce petit cylindre on mît une rondelle en carton qui serait recouverte de 500 centigrammes de coton poudre filé, également écarté de la partie postérieure de la balle par une seconde rondelle en feutre carton ou un pain en cire pour lubrifier l'âme du canon pendant le passage du projectile, nous croyons, disons-nous, qu'on obtiendrait une grande force initiale, que le choc des gaz serait facilement supportable sans que cette charge devienne trop brisante pour l'appareil de fermeture.

Les deux rondelles interposées retarderaient la tension des gaz par leur élasticité, et la distance entre la tablette en poudre comprimée et la balle serait réglée de manière à former un matelas d'air empêchant toute rupture.

Nous indiquons spécialement le coton-poudre parce que la poudre fulminante est trop brisante et ne saurait être appliquée efficacement dans l'arme se chargeant par la culasse pour vaincre l'inertie de la balle, sans danger pour le tireur.

Ainsi, avec les trois éléments, savoir : une amorce de poudre fulminante placée au centre d'un culot contenant une tablette de poudre ordinaire et 500 centigrammes de coton-poudre séparés par deux rondelles ou un pain de cire et une rondelle, on formerait toute la charge ; la balle serait légèrement sertie sur le tube dont la dilatation ne serait pas trop forcée.

Cette cartouche ainsi composée offrirait d'immenses avantages dont voici les principaux :

La tension des gaz serait augmentée ; de là une trajectoire plus rasante, une grande justesse dans le tir et une force de projection inconnue encore à des distances très éloignées ; on pourrait se servir de projectiles en fonte avec chemises en plomb.

La facilité de la fabrication de la cartouche serait immense.

Le tube pourrait être plus étoffé, ce qui empêcherait la dégradation de l'appareil de fermeture, puisque l'épanouissement du métal servirait de matelas élastique contre la paroi intérieure de la chambre et de la culasse mobile.

Le recul serait insignifiant.

Tous ces avantages se feraient également sentir dans la fabrication de l'arme où la chambre pourrait être moins longue et l'appareil plus solidement construit.

Quant au transport des munitions, l'homme n'aurait plus ce tube en clinquant incommode et fragile, nous disons fragile, parce que jusqu'ici nous n'avons vu ces munitions que sur le champ de tir, sortant des caisses où elles avaient été soigneusement placées par les fabricants, sans avoir essuyé un transport long et pénible, etc., etc. ; le nombre de cartouches à donner à chaque homme pourrait être sensiblement augmenté, avantage sur lequel nous appelons l'attention de qui de droit, car avec l'arme à culasse mobile, ce nombre est d'une importance qui ne saurait échapper à l'officier.

En 1860 et 1861, nous avons construit les quatre armes dont nous donnons ici les dessins.

Nous avons construit également quelques projectiles qui devaient servir à expérimenter cinq canons de fusils avec un nombre différent de rayures arrondies, depuis trois jusqu'à huit, d'un pas hélicoïdal d'un tour sur la longueur du canon qui était de 89 centimètres.

Ces travaux furent interrompus ainsi que la construction de l'arme que nous annoncions dans notre publication de 1866, construction dans laquelle nous avions tenu compte des critiques dont ce système de chargement avait été l'objet jusqu'alors; mais comme nous l'avons déjà dit, la difficulté de trouver un constructeur et nos occupations journalières nous avaient empêché de mettre ce plan à exécution.

Cette arme est celle qui figure à la planche IV, fusil *A*.

Telle que nous l'avons conçue, cette invention devait, selon nous, avoir d'excellents résultats. Aussi crûmes-nous devoir en donner connaissance à M. le Ministre de la guerre, en sollicitant de ce haut fonctionnaire l'autorisation de l'exécuter à nos frais dans quelque coin retiré de la manufacture d'armes de Liége, autorisation qui, nous ne savons pour quel motif, ne nous fut pas accordée. Cependant à cette époque rien n'était encore arrêté par rapport au nouvel armement.

Quoiqu'il en soit, le 28 décembre 1866, une dépêche de la 2ᵉ Dᵒⁿ nous invita à nous présenter au ministère de la guerre, bureau de la division d'artillerie, où nous reçûmes l'ordre de nous rendre à Liége, où nos armes furent soumises à l'examen d'une commission composée de MM. les officiers d'artillerie et les contrôleurs de la manufacture d'armes de l'Etat.

Nous n'avions certes pas la prétention d'avoir inventé le *nec plus ultrà* des engins meurtriers de ce temps-ci, mais entouré

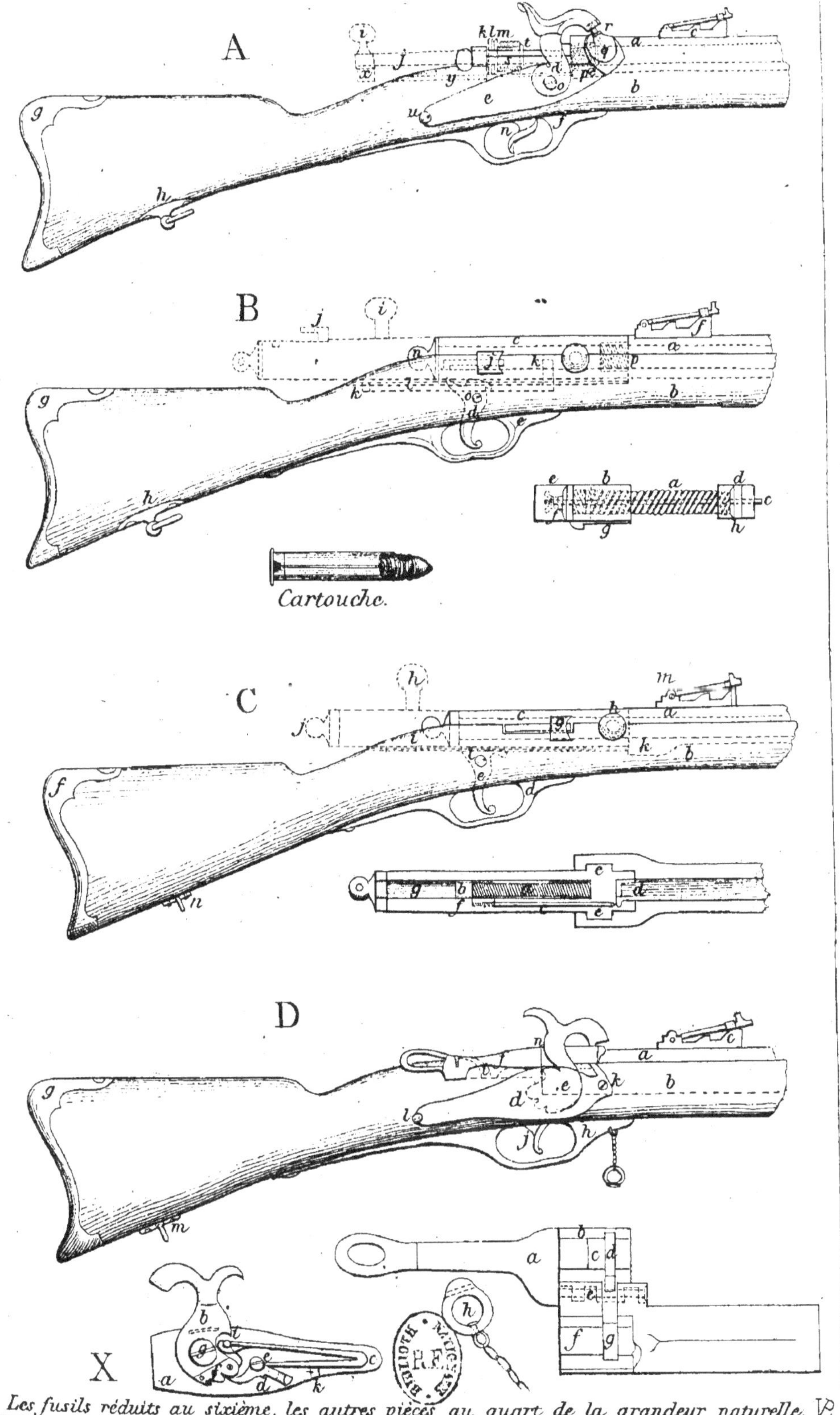

Les fusils réduits au sixième, les autres pièces au quart de la grandeur naturelle.

d'hommes spéciaux dont les lumières nous eussent été d'un grand secours, nous serions peut-être parvenu à une combinaison qui eût permis de transformer le fusil de 1855 et, de cette manière, de ne pas apporter de précipitation dans le choix définitif d'une arme nouvelle, comme la France, pressée par les évènements, dut le faire pour le Chassepot, malgré tous les inconvénients reconnus de l'arme à aiguille.

Tout au moins étions-nous fondé à croire que la Belgique, suivant en cela l'exemple de pays étrangers, chercherait dans son immense arsenal de Liége le modèle d'un fusil national ; mais, contre toute attente, on adopta une arme dont nous avons vainement cherché à connaitre le véritable inventeur.

Mais ne nous écartons pas de notre sujet.

Inventer un mécanisme simple et facile ; trouver moyen d'éviter les inconvénients si multiples dans la fermeture d'une arme à culasse mobile, tel était l'objet d'une série d'appréciations que nous avons fait valoir dans notre brochure de 1865 dans laquelle nous examinions les différents modes de chargement connus jusqu'alors, en les divisant en quatre catégories, pour les opérations de l'introduction de la charge, de la déflagration et de l'échappement des gaz.

La première catégorie comprenait ce que nous désignons encore aujourd'hui par le chargement où « l'ouverture du tonnerre est à la partie supérieure du canon, » comme dans l'amusette du maréchal de Saxe, le fusil Robert, le fusil Pauly, etc.

Voici ce que nous disions alors de ces mécanismes :

« Dans ces armes, dont le mécanisme est fort compliqué, trop pour une arme de guerre, tout est défectueux, parce que la fermeture repose simplement sur l'ajustage des pièces jointives.

« Rien de plus exact qu'un pareil travail, lorsqu'il sort des mains de nos habiles armuriers ; mais qu'on examine une telle arme lorsqu'elle aura tiré quelques coups et passé quinze jours ou un mois à la salle humide, épreuve bien faible en comparaison de plusieurs mois de campagne, et l'on verra que l'oxydation aura déjà eu beau jeu des arêtes vives et des surfaces de contact.

« Les fuites de gaz et l'encrassement deviennent tels, qu'une arme de cette catégorie, dont le mécanisme est fort ingénieux, nous l'avouons, devient un danger réel pour l'homme qui la manie. »

Dans la deuxième catégorie, nous placions les armes norwégiennes et tous les fusils à aiguille dont les défauts sont connus.

La troisième variété se faisait remarquer, selon nous, par l'ouverture qui se fait à la tranche postérieure du canon qui se déplace soit en basculant comme le fusil Lefaucheux, soit en pivotant sur une tige ou une vis comme l'arme Lejeune Chaumont, ou en avançant comme le mousqueton Ghaye.

Dans toute arme dont le canon se détache de la monture, soit par un mouvement à bascule, soit par un mouvement de rotation ou de déplacement latéral, l'arme perd de sa valeur comme arme de hast, qualité inséparable d'une arme de guerre.

La quatrième catégorie se distingue par la mise à découvert du tonnerre sans aucun mouvement du canon; tels sont les fusils de MM. Treuille de Baulieu, Manceau-Vieillard, Charrin, Snider, Green, Wilson, Wesley, Richards, Mont Storme, Albini, Terssex, etc., etc., et enfin nos armes dont nous donnons la nomenclature plus loin.

Cela dit, venons-en à la cartouche dont la valeur réelle égale au moins celle qu'on accorde généralement au mécanisme de l'arme.

Il ne suffit pas de construire une cartouche donnant une obturation complète; d'autres qualités sont nécessaires pour qu'elle puisse être fabriquée avec facilité, avoir une valeur réelle au point de vue balistique et se conserver intacte tant dans les magasins humides qu'entre les mains du détenteur de l'arme.

Ainsi, une cartouche métallique ou en clinquant doit être d'une fabrication uniforme pour faciliter le travail; elle doit pouvoir s'introduire librement dans la chambre où les bords du culot doivent donner prise aux extracteurs après le coup parti. Pour remplir convenablement ces conditions, le tube doit être de forme légèrement conique, nous disons *légèrement*, parce que l'excès dans ce sens serait au détriment de la fabrication; la partie intérieure du culot ne saurait être suffisamment comprimée sans laisser de fissures là où le cylindre-matrice ne toucherait pas le fond pour refouler la matière vers la base du culot ; ces inégalités seraient attaquées par les gaz au moment de la déflagration de la charge, et provoqueraient la séparation de ces divers éléments, dont une partie resterait à l'intérieur du canon, tandis que le reste obéirait aux mouvements des extracteurs.

La résistance de la cartouche au choc des gaz est également un élément détruisant la facilité de l'extraction.

Après la résistance contre l'humidité viennent celles contre les ballottements des munitions dans les transports et les chocs accidentels.

De sorte qu'on peut résumer ainsi les qualités que doit posséder une bonne cartouche :

1° Uniformité dans la construction ; 2° uniformité de dimensions et facilités d'introduction de la cartouche dans le canon ; 3° résistance contre le choc des gaz et facilité d'extraction des débris de la cartouche après le coup tiré ; 4° résistance contre l'humidité ; 5° résistance contre les ballottements des munitions dans les transports et contre les chocs accidentels ; 6° effets balistiques ; 7° vitesse obtenue ; 8° facilité d'être employée un certain nombre de fois après plusieurs coups tirés ; 9° sensibilité de l'amorce.

Voilà, croyons-nous, les conditions indispensables à l'admission de ces engins de guerre.

Dès 1865, nous nous étions adressé à la fabrication privée tout entière pour la construction d'une cartouche de notre invention, mais nos démarches n'aboutirent qu'à nous faire perdre un temps précieux, car, en Belgique, en France, en Angleterre, on nous opposa une invariable fin de non recevoir. On eût dit un mot d'ordre. C'est alors que nous eûmes recours à l'Ecole de pyrotechnie où M. le colonel d'artillerie Splingaert nous fit un accueil bienveillant ; mais il fallut, au préalable, une autorisation ministérielle et pour l'obtenir passer par la voie hiérarchique.

Voici le texte de la requête que nous présentâmes à cet effet le 5 décembre 1866, et qui n'arriva pas jusqu'au ministère :

« Le soussigné Tackels, Corneille-Joseph, capitaine au 8ᵉ régiment de ligne, a l'honneur de prier Monsieur le Ministre de la guerre de vouloir bien l'autoriser à faire confectionner, à l'Ecole de pyrotechnie, une cartouche pour sa nouvelle arme se chargeant par la culasse; pour autant que cette construction n'entrave pas la marche régulière du service de cet établissement.

« Cette cartouche se compose d'un tube en carton rentoilé avec culot en cuivre.

« La balle est sertie sur le tube qui contient une charge de poudre d'infanterie de 4 grammes 5.

« Cette charge, relativement forte pour une arme avec une balle de 25 grammes de plomb et où toute la somme des gaz est utilisée à vaincre l'inertie du projectile, donne une trajectoire rasante.

« Le tube en carton rentoilé est d'une grande utilité dans le chargement par la culasse ; une cartouche ainsi confectionnée contribue non seulement à simplifier le chargement et à augmenter la vitesse de tir, mais le papier cartonné renforcé par une toile est d'une grande résistance, obture parfaitement, retient toute la crasse de la charge et empêche les gaz de rouiller aucune des parties du tonnerre.

« La capsule préconisée dans cette cartouche est la même que celle en usage pour le fusil de 1853 ; c'est la partie postérieure de l'alvéole qui est présentée au percuteur de l'arme.

« Un cône en cuivre à évent, de la forme exacte de la cheminée du fusil se chargeant par la bouche, est fixé dans la capsule.

« Au moment du choc du percuteur, la capsule est refoulée sur la cheminée qui se trouve sur l'axe de l'arme à l'intérieur du culot; la poudre fulminante est brisée par le percuteur et la déflagration s'en suit, c'est-à-dire que la combustion de la charge s'opère de la manière préconisée dans l'arme de 1853, et que l'obturation est identique à celle qu'on obtient encore aujourd'hui dans les pièces d'artillerie Wahrendorff avec le culot en carton rentoilé. »

Or, rien de nouveau dans la construction d'une telle cartouche, dont l'étoffe du tube est connue; quant à la capsule, il n'y avait que le placement à changer.

La fabrication n'offrait aucune difficulté; un tube en carton s'enroule facilement sur un mandrin en bois; les cheminées en cuivre pouvaient être coulées et conserver même quelques aspérités à la partie supérieure du cône; cela n'aurait fait que faciliter le bris de la pâte fulminante; il n'y avait à tenir compte que de la pureté du canal de lumière.

Le cône en cuivre, fer de fonte, zinc ou tout autre métal, était à quatre ailettes reposant sur un disque en papier comprimé dans le culot.

Ainsi se trouva enrayé l'essor que nous voulions donner à ce travail.

Depuis lors nous avons perfectionné cette cartouche et nous l'avons pour ainsi dire mise à la mode.

Une autre question que nous avons cherché à éclaircir par la discussion est celle de l'armement de l'officier déjà cité. Dans notre opuscule de 1865 nous entrons dans des détails assez étendus pour n'en rien dire ici; mais depuis cette époque nous avons donné un modèle de pistolet à amorce centrale.

« Dans l'intérêt commun, disions-nous au commencement de 1867, il serait vivement à désirer que cette manière de voir fût partagée par la plupart sinon par la généralité des officiers de l'armée. De là à s'entendre sur le choix du calibre, du projectile et du meilleur modèle d'arme il n'y aurait qu'un pas.

« L'intermédiaire de l'autorité supérieure dans la création du modèle serait chose désirable à plus d'un titre, car il en résulterait :

« 1° Réduction aux dernières limites du prix de revient par suite de l'importance des commandes.

« 2° Possibilité de se procurer l'arme au compte de la masse avec remboursements par douzièmes.

« 3° Possibilité d'avoir toujours en campagne des munitions confectionnées et transportées comme approvisionnements de guerre.

« Ainsi se trouveraient résolues les questions suivantes :

« 1° La question d'argent…

« 2° La construction de l'arme qui doit être simple, facile à manier, d'un chargement rapide dans toutes les situations, peu sujette à se déranger, et, surtout, n'exiger aucun attirail spécial.

« *3° Par l'intermédiaire de l'autorité supérieure, les munitions pourraient être confectionnées à l'école de pyrotechnie, l'arme aurait le calibre de 11 m/m comme le fusil Albini, de sorte que l'outillage du fusil du soldat servirait à faire les culots pour les cartouches de l'officier ; l'amorce serait également placée au centre et la pointe du marteau du pistolet servirait de percuteur.* »

Voilà le modèle de l'arme que nous décrivions dans notre opuscule sur les fusils Chassepot et Albini. Aujourd'hui plusieurs armuriers l'ont suivi, entre autres MM. Francotte et Galand, de Liége, et Galoppin, de Bruxelles, pour lesquels M. Fusnot fabrique d'excellentes cartouches et qui peuvent être rechargées jusqu'à quarante fois.

Qu'il nous soit permis encore une fois de recommander chaudement aux officiers le port d'une pareille arme, car, outre les mille cas dans lesquels l'officier peut avoir besoin d'un tel auxiliaire, nous pouvons certifier ici que c'est grâce à l'exhibition de notre pistolet, lors des émeutes du Bassin de Charleroi, que nous avons dû d'échapper à la brutalité de cinq ivrognes qui y voyaient cependant encore assez pour se sauver.

C'était là le but que nous voulions atteindre ; car nous n'avions nullement l'intention de faire usage de notre arme contre des brutes surexcitées par l'ivresse qui en faisait de véritables forcenés.

Que les incrédules s'adressent aux camarades revenus du Mexique et les preuves ne manqueront pas à l'appui de ce que nous avons dit de l'inefficacité de l'armement de l'officier.

A côté de cette innovation nous demandons, depuis cinq ans, l'organisation d'une École de tir, institution qui a fait le tour de l'Europe sans pouvoir s'implanter en Belgique.

Comme on le voit, de chute en chute nous avons traversé une existence peu agréable, faisant bon cœur contre mauvaise fortune.

CHAPITRE III.

Nomenclature raisonnée de l'Albini-Brandlin.

En 1867, au mois d'août, nous faisions partie de la Commission chargée de faire, au camp de Beverloo, une série d'expériences avec les fusils transformés au système Albini-Brandlin. Il s'agissait, d'après les instructions de M. le Ministre de la guerre, *d'essayer les armes au point de vue de la facilité du service, de la rapidité du tir et des qualités pratiques du mécanisme de culasse, et d'essayer aussi la cartouche fabriquée par notre école de pyrotechnie à Anvers.*

Notre mission, tout à fait pratique, n'avait aucun rapport avec la science balistique, études réservées à une Commission d'hommes spéciaux qui avaient à examiner *la portée, la justesse de l'arme et la détermination des hausses.*

Nous croyons devoir entrer dans ces détails, pour qu'on ne prenne pas nos remarques pour des objections systématiques contre l'arme adoptée, et déjà si malmenée par certains organes de la presse qui ont souvent le grand tort de se jeter tête baissée dans l'armurerie, sans être ferré sur la question des armes de guerre.

C'est par l'exposé de la nomenclature raisonnée de l'arme, que nous provoquerons l'attention et le jugement des camarades en faisant ressortir le côté défectueux de la construction, afin qu'on puisse tirer, en temps utile, le meilleur parti possible de notre armement, qui est bon, sans cependant être sans reproches.

Nous le ferons sans prévention, sans partialité et sans parti pris, ce qui du reste de notre part ne saurait avoir aucune raison d'être ; nous n'avons d'autre but que d'éclairer ceux qui n'ont pu s'occuper spécialement de la question.

Les armes à feu portatives confiées aux mains de la troupe, devant être en état de fonctionner en tout temps, il est important qu'elles soient de sa part l'objet de soins constants ; tel est le vœu de l'instruction, attendu que nos fusils sont par eux-mêmes sujets à de nombreuses causes de dégradation, qui viennent altérer leurs dimensions ou entraver les mouvements que certaines pièces ont à faire.

Les principales causes qui tendent à détériorer les armes sont : l'air humide, l'eau, la transpiration cutanée, le cambouis, la poussière, les résidus du tir, les chocs contre des corps durs susceptibles de déformer certaines pièces, le maniement inutile de la baïonnette et du chien, enfin les démontages et remontages trop fréquents même lorsqu'ils sont faits avec précaution.

L'air humide, l'eau, la transpiration cutanée déterminent la formation de la rouille ; pour l'éviter on aura soin d'huiler toutes les parties en fer et acier.

Le cambouis provenant de la graisse durcie et la poussière en se déposant dans l'intérieur du canon ou du mécanisme nuisent au tir ou entravent la charge. Pour éviter ces inconvénients on ne mettra pas un excès d'huile sur les différentes pièces ; il suffit qu'elles soient onctueuses, c'est-à-dire frottées sur toutes leurs faces avec un linge huilé, ce qui préviendra le dépôt de la poussière et la formation du cambouis.

Le tir a pour effet d'encrasser l'âme et la chambre du canon par les résidus de la combustion de la poudre qui s'y déposent. Ces résidus doivent être enlevés immédiatement après chaque séance de tir, afin d'éviter la rouille de l'intérieur du canon, attendu que ces résidus attirent l'humidité de l'air dès que le canon est refroidi.

Dans le démontage et le remontage de l'arme, on doit, toutes les fois que l'on se sert du tournevis, donner au fusil la plus grande fixité et agir avec le tournevis dans la position où la main risque moins de le faire glisser, et où l'on peut suivre plus facilement de l'œil les mouvements de la lame. ..

Pour démonter le fusil, on enlève les pièces dans l'ordre suivant :

1° La bretelle; 2° la baïonnette ; 3° la baguette; 4° le boulon de charnière, la culasse mobile et les extracteurs; 5° la vis de tête de chien ; 6° le verrou ; 7° les boucles ; 8° le canon.

Pour démonter la culasse mobile on dévissera la vis-bouchon et on enlèvera la broche percutrice et son ressort à boudin.

Ce démontage sera exécuté après chaque tir et au moins une fois par semaine.

Lorsque l'arme aura été exposée à la pluie, on démontera en outre :

9° La vis de platine ; 10° la platine.

Ce démontage aura lieu au moins une fois par mois, alors même que l'arme n'aurait été ni mouillée, ni employée au tir.

Les pièces non démontées sont nettoyées sur place par le soldat.

Lorsque, malgré les soins d'entretien dont elles auront été l'objet, la sous-garde et la platine ne fonctionneront pas régulièrement, le commandant de la compagnie pourra faire démonter ces pièces par l'armurier qui les nettoiera à fond.

Lorsque, par exception, il n'y aura pas d'armurier, cette opération pourra être exécutée par le soldat, en présence et sous la direction d'un sous-officier.

Pour enlever et démonter la sous-garde, on procédera comme suit :

11° La vis de pontet ; 12° le pontet; 13° la vis d'auget ; 14° la vis-à-bois de sous-garde ; 15° l'écusson ; 16° la vis de détente ; 17° la détente.

Pour démonter la platine, on enlèvera les pièces dans l'ordre prescrit pour le fusil 1855.

Le remontage de l'arme s'exécute dans un ordre inverse, avec cette différence que pour remonter la platine on place la noix avant le chien. On aura soin de mettre toutes les vis à fond et particulièrement la vis de tête de chien et la vis bouchon de culasse mobile, qui ne doivent pas faire la moindre saillie. En mettant à fond le boulon de charnière, on aura soin de ne pas le serrer outre mesure pour éviter des frottements nuisibles au jeu des extracteurs.

Il est expressément défendu aux soldats de démonter les pièces suivantes :

La plaque de couche; la vis-à-bois-crochet de platine; l'auget; la fausse-culasse ; le bouton de culasse et sa vis arrêt; la broche-arrêt de culasse mobile; la bague de charnière et sa vis-arrêt; la vis de renfort ; l'écrou de baguette ; les ressorts des boucles ; les goupilles qui traversent l'enture.

L'armurier seul peut opérer ces démontages lorsqu'il en reçoit l'ordre du commandant de la compagnie.

On ne devrait jamais dévisser ni le canon, ni la poignée de culasse mobile.

Pour l'entretien et la conservation de l'arme, on se conformera aux prescriptions de l'instruction annexée au règlement sur le tir.

La première chose à faire après un tir, c'est de laver le canon; il n'est pas nécessaire pour cela de démonter l'arme, il suffit d'enlever la culasse mobile. On aura soin de bien nettoyer le logement du bourrelet de la cartouche, les rainures des extracteurs ainsi que la broche percutrice et son logement, et d'enlever, au moyen du curettes en bois tendre, les résidus qui pourraient s'y trouver.

Les pièces du fusil de 1867 qui laissent à désirer sont :

1° La position du marteau qui est anormale ;

2° Le plan incliné de la course du verrou qui est défectueux ;

3° Le ressort enroulé sur la tige percutrice qui est inutile ;

4° Les portes-à-faux dans lesquels circulent les griffes des extracteurs qui sont d'une invention malheureuse; parce qu'un culot crevé, une douille séparée du culot ou tout autre inconvénient peut briser la monture et blesser le tireur à la main gauche ;

5° La bague qui est une complication pour la bonne exécution de l'arme ;

6° Le pas des rayures qui devrait être incliné de droit à gauche, afin de neutraliser les irrégularités provenant du mécanisme de la détente et du recul de l'arme.

Voici pourquoi :

1° *La position du chien est anormale,* parce que le bras de levier du marteau se trouve à 31 millimètres en dehors de l'axe du point d'appui. Ici le bras de levier n'est sollicité que par deux forces, dont l'une est la puissance du ressort agissant par l'intermédiaire de la noix sur l'arbre recevant le marteau, et l'autre, la résistance que l'on veut vaincre pour opérer la déflagration de la charge. Or, il s'agit d'établir les conditions d'équilibre entre ces deux forces, ce qui ne peut avoir lieu si leur résultante ne passe pas par le centre, car pour l'équilibre il faut qu'elle soit détruite. Il faut donc que ces deux forces aient une résultante unique, ce qui exige que leurs directions soient placées dans un même plan ; et comme la résultante doit passer par le point fixe, ce point doit également se trouver dans ce plan; enfin, il faut que les deux forces soient situées avec le point d'appui dans le même plan, et que leurs intensités soient inversement proportionnelles à leurs bras de levier dans des sens opposés.

Cette position anormale du marteau augmente encore l'inconvénient, par le frottement du verrou glissant sur un plan incliné.

2° *Position inclinée du verrou.* Nous savons qu'on emploie dans les arts mécaniques le levier coudé dont le bras fait un angle. Dans les leviers de ce genre, la puissance étant placée entre le point d'appui et la résistance, la position est toujours désavantageuse et ce désavantage augmente quand il y a frottement, car la puissance doit détruire le frottement et la force percutante est toujours compromise. Donc, dans le levier, le travail de la puissance égale celui de la résistance, mais augmenté de celui du frottement, il sera infailliblement défectueux pour l'efficacité de la percussion. Donc, les ratés de fusils doivent être plus ou moins fréquents, puisque le frottement est au détriment de la force percutante.

3° *Le ressort à boudin est inutile à la tige percutrice.* Ces enroulements à hélice forment un obstacle naturel ramassant toute la crasse provenant des gaz de la poudre. Bien que la cartouche soit l'obturateur réel et efficace de l'arme, il reste toujours assez de gaz dans le canon, après l'extraction des débris, pour encrasser la tige percutrice dont les mouvements sont paralysés par le ressort à boudin calé dans son logement. En outre, la tige percutrice voyage dans le canal sur deux supports : le premier est dans la vis-bouchon formant la tranche de la culasse-mobile, et le second se compose de la membrane donnant passage à la partie de la tige contre laquelle vient butter le verrou.

4° *Position défectueuse des porte-à-faux.* Ni les extracteurs ni les porte-à-faux dans lesquels ils voyagent n'ont donné lieu à aucune observation pendant toute la durée des expériences du fusil Albini, parce que toutes les munitions examinées étaient d'une fabrication excellente. Aucune douille, ni culot n'ont donné issue au moindre échappement des gaz, aucune douille ne s'est détachée du culot et les ratés étaient insignifiants sur 22,000 cartouches brûlées lors des expériences faites au camp de Beverloo avec l'Albini et la cartouche belge. Mais il n'en est pas de même des munitions que nous avons examinées pendant le tir de l'année 1868, et dont nous donnons une description avec planche dessinée d'après nature.

Hâtons-nous de dire que toutes les munitions expérimentées avaient été fabriquées par notre école de pyrotechnie à Anvers; que, depuis, on en a fait plusieurs commandes à l'industrie privée, munitions que nous avons examinées avec soin et dont le défaut capital est l'emploi de matières premières de mauvaise qualité soumises à une pression exagérée dans la fabrication.

On dirait vraiment que ces munitions ont servi à faire l'apprentissage de nouveaux ouvriers.

Nous pourrions ajouter que si les inconvénients sont plus nombreux aujourd'hui qu'ils ne le parurent aux yeux de la commission, c'est qu'ils proviennent parfois d'un défaut de fabrication dans l'arme, la modification que vient de subir le verrou, par exemple, et qui n'est pas heureuse.

Ce n'est point à anneau que cette pièce devrait être construite, mais bien à double fourche comme elle était faite dans le principe ; seulement, il aurait fallu renforcer l'étoffe de la fourche soutenant avec la vis de la tête du chien le choc du percuteur ; en rendant cette fourche plus solide, on pourrait diminuer celle d'arrière, qui ne sert, en définitive, qu'à ramener le verrou quand on arme le fusil. Ainsi donnerait-on une liberté d'action à la vis de la tête du chien selon la position du verrou dans son canal, jeu qui doit exister pour empêcher autant que possible le calement de l'appareil de fermeture.

5° *Placement de la bague.* Le placement de la bague est d'une très grande importance dans la construction du fusil Albini. A notre avis on aurait dû écarter cette division, ne faire que deux pièces et fixer la boîte de culasse directement au canon. Voici pourquoi :

L'axe de la vis de charnière doit être parfaitement déterminé, car de sa position dépend le travail efficace des extracteurs.

Ainsi, si la bague est trop en avant et s'il existe la plus minime différence entre le logement du bourrelet du culot et la tranche ou section plane de la culasse mobile, le tireur éprouvera un recul assez violent arrachant l'arme de l'épaule contre laquelle le fusil est brusquement renvoyé, et si, dans ce cas, le sertissage de la balle est un peu résistant, la douille sera chaque fois séparée du culot et peut-être emportée par le projectile.

Si la bague est trop en arrière, les extracteurs perdent de leur course, qui est déjà très minime et qui ne peut subir le moindre déplacement sans nuire à l'extraction des débris de la cartouche.

Dans les deux cas, le bras de levier est déplacé ; le premier de ces inconvénients tend à caler l'appareil mécanique et le second empêche l'extracteur de fonctionner avec efficacité.

6° Nous verrons pratiquement, lors des expériences avec l'arme Terssen, pourquoi les rayures devraient être des gauchières et non des droitières.

Examinons maintenant les différents cas défectueux d'une cartouche mal confectionnée, comme nous avons fait ressortir autrefois les caractères distinctifs des accidents que les balles expansives faisaient éprouver dans le tir en laissant des *anneaux* dans le canon ou en lançant des projectiles à *lunette* ou à *affoullement*.

Figure 1. *Représente un raté de cartouche, l'amorce brûlée.*
Ces ratés peuvent provenir :

1° D'un trop grand éloignement de l'évent du centre de la rondelle-porte-enclume serrée avec une force exagérée contre la capsule pour réunir les éléments entre eux et refouler la rondelle-enclume et la capsule dans le bourrelet; le feu provenant de la charge fulminante ne trouvant pas d'issue s'éteint sur place.

2° De la substitution de la rondelle-enclume à la capsule. L'ouvrier en introduisant les éléments dans la douille se trompe parfois en travaillant avec trop de précipitation.

La douille froncée reçoit la capsule et la rondelle-couvre-amorce. Dans cette opération, l'ouvrier peut se tromper, sans que le contrôleur s'aperçoive de l'erreur. Un mandrin en bois, fixé sur une table, reçoit la rondelle-enclume, ensuite la capsule que l'ouvrier couvre de la douille. La capsule et la rondelle étant de même métal, la vérification du placement de ces deux éléments n'est pas difficile, mais l'erreur échappe quelquefois dans la précipitation du travail.

3° Il arrive aussi que l'ouvrier introduit une rondelle sans évent ou que celui-ci reste obstrué par la gouttelette de vernis couvrant cette partie, afin d'empêcher l'humidité de pénétrer jusqu'à la charge.

Figure 2. *Capsule défoncée par la tige percutrice.* Défaut de fabrication, les éléments n'étant pas déprimés entre eux.

Figure 3. *Culot crevé* provient d'un défaut dans la matière qui n'a pu subir l'épanouissement au moment de la déflagration de la charge ou matière froissée dans la fabrication, laiton pailleux, ou aigri par la pression sans avoir été suffisamment retrempé et décapé.

Figure 4. *Séparation complète des éléments (figure* 13.*)* Crachement des gaz par le canal de la tige percutrice et le passage du verrou, blessure à la joue du tireur. La douille a été emportée par la balle et trouvée à quelques mètres en avant du tireur.

On comprend que l'inconvénient peut se changer en danger sérieux et que la vue du tireur pourrait être compromise, si la tête était trop abaissée sur la joue de l'arme.

La douille traversant l'âme du canon est un cas qui doit donner à réfléchir dans les exercices à blanc, ou dans les mouvements simulés; les tireurs peuvent se rapprocher trop près les uns des autres et être blessés par les débris du clinquant rabattu sur la bourre qui sertit le projectile.

Figure 5. *Douille arrachée du culot et déroulement complet du rectangle-trapèze formant la douille.*

Se présente lorsque le culot se détache de la douille au-dessus de la partie chanfreinée du culot, c'est-à-dire, lorsque le clinquant a été attaqué, soit par un pli, une paille ou autre défaut du métal qui rend la partie trop faible pour supporter le choc des gaz.

Le déroulement de la douille a lieu lorsque celle-ci est en partie emportée par la balle.

Figures 6. 7 et 8. *Arrachement du culot de la douille à hauteur de la partie chanfreinée du culot.*

Dans la pression, pour réunir les éléments entre eux, le clinquant de la douille aura été froissé, et le choc des gaz aura déchiré la partie affaiblie de la matière, ce qui donne lieu à un échappement des gaz par les porte-à-faux des extracteurs et peut produire les effets déjà signalés au détriment de la justesse de tir, de la portée et de la pénétration.

Figure 9. *Séparation du culot de la douille à la partie froncée.*

Cet inconvénient assez fréquent provient d'une pression exagérée qui aigrit le métal. Nous avons analysé les éléments restés dans le culot : la partie de la douille au fronçage pressée entre la capsule et le fond du culot représente une rondelle vive comme étant coupée à la cisaille; l'intérieur du culot est resté pur de toute crasse ou résidu provenant de la combustion de la poudre.

La séparation entre les éléments a donc lieu brusquement et nettement, car à l'ouverture de la culasse-mobile, le culot seul tombe aux pieds du tireur.

Figures 10, 11 et 12. *Premier, deuxième et troisième degrés d'un culot crevé au bourrelet.*

La fraisure du bourrelet n'est pas étrangère à l'inconvénient signalé, donnant un crachement assez considérable de gaz par le canal de la tige percutrice et le logement du verrou, lançant des éclats de cuivre qui blessent le tireur à plusieurs parties de la figure et finit par un long feu. Parfois celui-ci est dangereux lorsque le tireur s'écarte des principes du règlement et qu'il redresse brusquement l'arme. C'est ainsi que nous avons vu partir le coup, l'arme étant déjà dans une position verticale. Si le tireur avait tourné le fusil horizontalement à droite ou à gauche, un des officiers instructeurs aurait pu être atteint.

Figures 14 et 15. *Douilles crevées longitudinalement.*

Cet inconvénient encrasse fortement la chambre, augmente le recul et cale le verrou, parce que l'appareil de fermeture est brusquement jeté vers le haut et tend à s'ouvrir; mouvement qui se présente chaque fois qu'une cartouche cède au choc des gaz.

Figure 16. *Arrachement de la douille du culot avec une partie du clinquant arrachée par la balle.*

Cet inconvénient ne provient pas exclusivement d'une fabrication défectueuse de la cartouche. La chambre y est pour beaucoup et surtout la fraisure du bourrelet du culot. Cette fraisure étant trop grande, la cartouche recevra un premier choc en arrière contre la tranche de la culasse-mobile et, comme il y a ballottement, elle sera rejetée brusquement en avant; le sertissage de la balle étant d'une certaine ténacité, la douille peut être enlevée et il arrivera ce que nous avons dit plus haut.

Figure 17. *Système préconisé par le soldat-tireur pour arracher les débris de la douille détachée du culot.*

Il avait été décidé par la Commission que chaque caporal d'escouade aurait été porteur d'une griffe dont le soldat aurait pu se servir en cas qu'une cartouche défectueuse aurait laissé des traces dans la chambre; mais jusqu'à présent cet objet, reconnu indispensable, n'a pas encore été distribué. Cependant on a tiré à la cible et les inconvénients, assez nombreux, provenaient, soit de l'inexpérience du soldat en présence d'un nouvel armement, soit d'une fabrication qui ne peut atteindre la perfection du jour au lendemain.

Mais le soldat devait se suffire à lui-même et bientôt il eut imaginé un moyen aussi simple qu'efficace. Il plia les bords de la douille du côté de l'entrée de la chambre, forma ainsi obstacle à la baguette qu'il laissa tomber dans le canon et dégagea très-facilement la douille.

Ainsi se trouve supprimée cette griffe pour s'être fait attendre trop longtemps.

Les figures 17, 18, 19, 20, 21 et 22 sont des projectiles ramassés sur le champ du tir. Leur forme accuse le ravage qu'un tel engin doit faire après avoir rencontré un obstacle.

On ne doit pas conclure de ce qui précède que la cartouche en clinquant est mauvaise ; au contraire, elle est bonne quand elle est fabriquée dans des conditions convenables.

Certes, la cartouche métallique est supérieure à celle que nous venons d'analyser et nous comprenons difficilement pourquoi elle n'est pas préférée puisqu'elle donne une plus grande vitesse initiale que celle obtenue avec la cartouche en clinquant, par conséquent une trajectoire plus rasante, un tir plus exact avec une portée plus étendue, et une pénétration plus forte, sans augmentation de prix de fabrication.

Nous connaissons les projets élaborés pour éviter les inconvénients de la cartouche en clinquant. Ainsi, par exemple, la sciure de bois moulue mélangée avec la gomme laque et une dissolution de caout-chouc dans une huile de naphte quelconque, ou autre carbure d'hydrogène pour rendre le tube imperméable. Mais ce n'est pas seulement à l'abri de l'humidité qu'il s'agit de mettre une cartouche, il faut encore qu'elle puisse résister au choc des gaz, au transport, à l'incendie, etc., etc.

A propos des qualités diverses de la cartouche en clinquant, nous donnons un résumé succinct des expériences faites à l'école de pyrotechnie à Anvers avec cette cartouche ; ces essais de combustibilité prouveront combien cette munition est recommandable quand la fabrication est bien entendue et de bonne matière première.

Afin de connaître le degré de combustibilité des cartouches empaquetées, elles ont été soumises aux essais suivants :

1° Faire éclater une cartouche d'un paquet placé dans un petit baril au milieu d'autres paquets.

2° Faire éclater cinq cartouches d'un même paquet.

3° Faire éclater les dix cartouches d'un même paquet.

Pour faire éclater ces cartouches, le culot avait été percé pour y introduire un bout de mèche de communication, bout qui dépassait le petit baril.

Dans ces trois expériences, l'un des fonds du baril était remplacé par une rondelle de carton : celle-ci était toujours projetée hors du baril par la combustion des cartouches.

Les cartouches auxquelles le feu avait été communiqué brûlaient seules, les autres restaient intactes, mais l'étoupe fusait et même flambait; l'expérience se faisait en plein air et un vent assez fort activait parfois la combustion ; cependant le feu finissait par s'éteindre ayant seulement noirci ou légèrement entamé l'enveloppé des paquets.

4° Faire éclater dix cartouches au milieu d'un petit baril fermé et contenant trente paquets.

Le résultat a été le même que celui de l'expérience précédente : l'un des fonds du baril a été projeté à trois mètres, l'étoupe s'est enflammée, quelques paquets de cartouches ont été déplacés et l'enveloppe extérieure noircie, mais aucune autre cartouche que celles disposées à cet effet n'a pris feu.

5° Six paquets ont été placés au milieu d'un tas de copeaux enflammés. Au bout d'une minute environ, onze détonations successives ont été entendues. Le feu éteint, quatre cartouches ont été retrouvées dans les cendres; le papier qui les enveloppait avait été brûlé sans que les cartouches fissent explosion ; sept de ces cartouches avaient été projetées dans l'eau, l'expérience ayant eu lieu au fond d'un fossé.

Ces cartouches ont été tirées et toutes ont bien fonctionné, sauf quelques-unes de celles retrouvées dans l'eau qui ont fait long feu, parce que par suite de leur projection elles étaient plus ou moins déformées.

6° Cinq paquets ont été placés sur un tas d'un kilogramme de poudre, auquel on a mis le feu.

Les paquets ont été projetés à un mètre ; les enveloppes étaient noircies ou quelque peu brûlées, les cartouches parfaitement intactes.

7° Un petit baril contenant trente paquets de cartouches emballées au moyen d'étoupes a été placé sur un grand feu de copeaux et de bois. Au bout de sept minutes, on a entendu une première cartouche prenant feu, puis les détonations se sont succédé, sans explosion toutefois ; la dernière détonation s'est fait entendre neuf minutes après la première. Le feu éteint, quatorze cartouches non comburées ont été retrouvées dans les cendres ; sept de celles-ci ont été tirées et ont bien fonctionné.

8° On a fait tomber trois fois sur le pavé d'une hauteur de 2^m75 un baril contenant 5200 cartouches et pesant 145 kilogrammes.

Première chute — un cercle cassé : 2me chute — trois cercles brisés et l'un des fonds déplacé et cassé; 5me chute — quatre cercles cassés, le fond projeté hors du baril, deux douves rompues transversalement et deux autres fendues longitudinalement.

L'empaquetage n'a pas été dérangé, les cartouches sont restées parfaitement intactes, quelques enveloppes ont été crevassées.

Ces expériences faites par Messieurs les officiers de notre école de pyrotechnie, sur le degré de combustibilité des cartouches métalliques et poussées à outrance, prouvent que :

1° Ces cartouches ne prennent pas feu, lorsqu'elles se trouvent dans une grande masse de poudre qui fait explosion.

2° Dans un incendie, que les cartouches soient dans des caisses ou en paquets, elles ne font pas explosion ; elles brûlent successivement et n'offrent donc pas plus de danger que toute autre matière combustible.

3° Les barils les plus lourds, en tombant d'une grande hauteur sur le pavé, ne peuvent provoquer d'explosion et n'altèrent même pas les cartouches.

4° Ces munitions peuvent être transportées avec moins de danger que beaucoup de marchandises expédiées par chemin de fer.

Hâtons-nous d'ajouter que la poudre fulminante se compose de trois matières, savoir : fulminate mercureux, beurre d'antimoine et chlorate de potasse.

Ces résultats obtenus ne sauraient se confirmer avec une pâte fulminante, si on y mélangeait le phosphore amorphe, matière très-dangereuse, s'enflammant au contact de la poudre.

—

Arme De Ville-Massot.

Monsieur l'ingénieur-mécanicien De Ville-Massot de Bruxelles, a fait de sérieux perfectionnements, au fusil Albini, dont nous trouvons les détails dans le brevet N° 21009, du 20 février 1867 (1).

Si nos renseignements sont exacts, c'est M. De Ville-Massot qui importa le premier l'Albini sur le continent, et fut chargé de la présentation de cette arme en Belgique où l'adoption eut lieu en mai 1867.

(1) Recueil spécial des brevets, 4e catégorie, page 33.

M. De Ville eut donc tout le temps d'étudier le mécanisme de l'arme et nous ne pouvons que le féliciter de l'ingénieuse idée qu'il eut en appliquant à la boîte Albini la tige Snider et un verrou calant la culasse mobile pour écarter l'obliquité du verrou et obvier en partie aux inconvénients que nous venons de signaler.

Voici comment M. De Ville-Massot explique sa transformation :

Il pratique au tonnerre une entaille pour y loger une pièce mobile de culasse ; cette pièce se meut autour d'une charnière horizontale et perpendiculaire au plan médian de l'arme, et renferme toutes les autres pièces du mécanisme, savoir :

1° Une broche percutrice traversant obliquement la pièce de culasse, comme dans le Snider. — Cette broche reçoit directement le choc du chien ;

2° La clef servant à ouvrir ou à fermer le tonnerre est engagée dans la pièce de culasse, et maintenue par un vis portant par son extrémité inférieure dans une rainure, de manière que la clef possède un mouvement rotatif d'environ un neuvième de tour ;

3° L'excentrique ou levier à deux bras est fixé par son trou carré sur la tranche carrée de la clef ;

4° Un verrou, pièce cylindrique logée dans un creux pratiqué dans la pièce de culasse, concentriquement à l'âme du canon ;

5° Dans le bouton de culasse est pratiqué un trou cylindrique ou autre de 7 m/m de profondeur, d'un diamètre un peu plus grand que celui du verrou puisque celui-ci doit s'y engager et assurer la fermeture du tonnerre.

Pour fermer la boîte de culasse, on tourne la clef ou poignée de dessous en dessus, c'est-à-dire d'avant vers l'arrière; le grand bras de l'excentrique pousse le verrou, qui est ici longitudinalement sur l'axe du canon, dans le creux de 7 m/m de profondeur et l'appareil est fixé.

Pour ouvrir la boîte, on agit en sens inverse sur la poignée; le grand bras de l'excentrique fait rentrer le verrou complètement dans la boîte de culasse, que l'on fait tourner autour de la charnière pour l'introduction de la cartouche, tandis que le petit bras de l'excentrique fait reculer la broche percutrice vers le percuteur et empêche que cette broche ne frappe l'amorce lorsqu'on ferme brusquement la boîte de culasse après avoir placé la cartouche dans le canon.

Ainsi, le fusil De Ville-Massot se compose de quatre pièces principales : le verrou, la broche percutrice, la double came et la poignée.

Le verrou est cylindrique et porte à droite une forte entaille évasée vers le bout; cette entaille reçoit la came inférieure.

Le verrou ne se meut qu'au moyen de la came, tant pour entrer dans la gache que pour rentrer dans la culasse mobile.

La broche percutrice porte deux entailles : l'une supérieure reçoit le bout d'une petite vis limitant la course, l'autre latérale gauche reçoit l'extrémité de la came supérieure.

La came inférieure joue dans l'entaille latérale droite du verrou, et la came supérieure dans l'entaille latérale gauche de la broche percutrice. Cette double came est logée dans une mortaise profonde qui va du logement du verrou à celui de la broche percutrice; elle est traversée par la partie carrée du prolongement de la poignée qui lui sert d'axe. La poignée est maintenue par une vis qui limite son mouvement de rotation.

Cette arme est loin d'être sans inconvénients pour le tireur; les suivants sont les plus sérieux.

La broche percutrice est un peu longue et l'ajustement doit être très exact. La poussière est très-nuisible au mouvement de va-et-vient de la broche dont le frottement se fait sentir de suite sur la poignée; si une cartouche laisse échapper du gaz par la capsule, la broche s'encrasse, inconvénient inhérent à tous les systèmes d'armes à culasse mobile quand la cartouche n'est pas garantie.

Pour y obvier, on dévisse la cheminée, on ôte la tige pour la nettoyer, ce qui ne demande que quelques secondes. Mais ce qui est plus sérieux, c'est l'effet nuisible de la percussion oblique sur la tige dont la longueur devrait rester invariable.

Le choc du chien donnera à une tige de mauvaise matière deux longueurs différentes, du talon à la pointe et de ce même talon à la tête.

La première distance tendra toujours à s'agrandir par le refoulement du talon provoqué par le choc contre l'embase arrêt de la poignée, et la percussion du chien causera des bavures à la tête de la tige percutrice qui se raccourcira de ce côté.

Les gaz et débris de cartouches qui s'introduisent dans la boîte de fermeture suivent la direction de la broche ; ceux qui se dirigeraient vers le pène peuvent nuire au bois.

Comme on le voit, l'arme De Ville-Massot n'est pas sans défaut, aussi l'inventeur s'en est-il aperçu, car il vient de joindre à son système la percussion centrale provoquée par une tige oblique logée à son extrémité dans leur mortaise faite dans une tige placée longitudinalement, transmettant la percussion du chien sur l'axe du canon pour provoquer la déflagration de la charge.

Cette innovation est due à M. Pierre Demeure, armurier de Paris. L'arme De Ville-Massot, ainsi transformée, prend une place importante parmi les armes de guerre se chargeant par la culasse et promet de faire son chemin. L'adoption en Belgique de l'Albini et du Terssen est une garantie pour ces habiles et zélés praticiens, dont les travaux sont déjà en partie couronnés de succès.

Tir simulé dans les chambres. D'après notre proposition, cet exercice pouvait être continué dans les chambres en faisant usage, comme par le passé, d'une chandelle et de la capsule ; voici comment : Une tige en fer avec canal reçoit, à l'une de ses extrémités, une cheminée pareille à celle du fusil de 1853.

Cette tige avec canal de lumière est à épaulement du côté de la cheminée et près de sa base. Enroulée d'un ressort à boudin, on la place dans un tube en bois ayant la forme de la chambre.

Chaque homme serait pourvu de cet étui avec cheminée, et, pendant la saison hivernale, on pourrait se conformer au réglement sur le tir simulé aux capsules comme on faisait autrefois ; c'est-à-dire, que le tireur se présentait devant la chandelle, l'étui dans la chambre, exécutait le mouvement de la charge à volonté, plaçait une capsule sur la cheminée, et tirait comme s'il se trouvait devant la cible, en visant le bas de la flamme.

On vient d'adopter un autre système, plus coûteux ; mais il nous semble dangereux. C'est un petit canon en laiton de l'empreinte de la chambre et pénétrant dans l'âme du canon sur une longueur de trois centimètres environ.

La cartouche n'est autre qu'un petit culot en cuivre d'un diamètre de 6 m/m pesant deux grammes, contenant une charge de poudre fulminante et ayant, entre la partie postérieure du projectile et la charge, un matelas d'air.

Le percuteur brisant la pâte de la poudre fulminante, la déflagration s'en suit brusquement et la puissance motrice détruit l'inertie du mobile qui a une bonne portée jusqu'à 25 mètres.

Ces petits canons sont à âme lisse ; bientôt elles recevront trois rayures qui donneront un mouvement rotatif au mobile, augmenteront la portée, la force de pénétration et le danger.

Le projectile du poids de un gramme est sphérique ; le dessous de la balle sertie est aplati.

Le tube en cuivre et à bourrelet est haut de 8 m/m, d'un diamètre 6 m/m où la balle est sertie et de 8 m/m au bourrelet ; il y a par conséquent 1 m/m de saillie de chaque côté.

La poudre fulminante est recouverte d'une goutte de vernis afin de la préserver de l'humidité.

CHAPITRE IV.

Arme Terssen.

En juin et octobre 1868, eurent lieu des expériences à Bruxelles et au camp de Beverloo, afin de connaître la solidité du mécanisme et l'efficacité de tir de l'arme Terssen, dont voici la description :

La fermeture de la culasse-mobile se fait au moyen d'un pène et d'une clef qui sert en même temps de poignée.

La clef présente à son extrémité deux entailles longitudinales laissant entre elles un petit massif dont la forme est celle d'une dent de pignon ; cette dent engrène dans une entaille transversale du pène, et permet de faire mouvoir celui-ci dans les deux sens. La course du pène est de 5 millimètres dont 1/2 en dedans.

Au fond du logement du pène se trouve un ressort à boudin qui fait sortir le pène de la culasse-mobile, et le fait entrer (quand la culasse-mobile est en place) dans une gâche ou mortaise pratiquée dans la partie postérieure de la boîte. Ce ressort facilite la manœuvre et la rend plus rapide, mais il n'est pas indispensable, car on a vu plus haut que la clef peut faire marcher le pène dans les deux sens. La profondeur de la gâche est de 5 millimètres.

La clef commande à la fois le pène et la broche percutrice, de telle sorte que celle-ci ne peut percuter que lorsque le pène est dans la gâche et le mécanisme fermé ; à cet effet, on a donné à la clef une troisième entaille et à la broche percutrice une partie saillante ou talon. Lorsque le pène est dans la gâche, le talon de la broche joue librement dans l'entaille de la clef ; lorsqu'il ne s'y trouve pas, le talon est arrêté par l'entaille et la broche ne percute pas, à moins que le choc du talon ne fasse tourner la clef. Dans aucun cas, la broche percutrice ne peut atteindre la cartouche avant que le mécanisme soit fermé.

Il résulte encore de cette disposition qu'on ne peut ouvrir ni fermer le mécanisme sans faire en même temps rentrer le bout de la broche percutrice dans la culasse-mobile ; de sorte qu'il ne peut y avoir de percussion accidentelle en fermant le mécanisme.

Indépendamment des trois entailles dont nous venons de parler, la clef présente une rainure tranversale qui commence à la troisième entaille et finit à rien. La broche percutrice passe dans cette rainure et maintient ainsi la clef en place ; celle-ci maintient le pène et celui-ci le ressort à boudin. Pour démonter le mécanisme, il suffit donc de dévissr la cheminée.

La tête de la clef est légèrement aplatie afin d'offrir plus de prise ; mais cet aplatissement n'empêche pas la clef de rouler dans la main quand on renverse la culasse-mobile.

L'extracteur ou tire-cartouche a deux œillets qui sont traversés par le bouton de charnière ; il embrasse la moitié supérieure du bourrelet de la cartouche et descend jusqu'à 1 millimètre au-dessous du centre. Chaque œillet est muni d'un talon qui reçoit le choc de la culasse-mobile.

CHARGE EN QUATRE TEMPS. — *Premier temps :* 1. Faire un demi-à-droite sur le talon gauche et écarter le pied droit ; abattre l'arme dans la main gauche, et placer le pouce de la main droite dans l'échancrure de la tête du chien.

2. — *Mettre le chien au cran de repos.* (Armer si le tir est rapide.)

Deuxième temps : 1. Saisir la poignée de la culasse-mobile entre le pouce et le premier doigt ployé, et *la tourner d'avant en arrière et de haut en bas* pour dégager le pène de sa gâche.

2. — Soulever la culasse-mobile et la renverser complètement; au dernier quart de sa course brusquer le mouvement en produisant un choc pour expulser la douille de la cartouche tirée au coup précédent.

3. — Tourner vivement l'arme de droite à gauche pour faire tomber la douille, la main droite restant à la poignée de la culasse-mobile.

Troisième temps : 1. Porter la main droite à la giberne et prendre une cartouche entre les deux premiers doigts, le pouce sur le culot.

2. — Apporter la cartouche au-dessus de la boîte de culasse, la balle à l'entrée de la chambre, les ongles en bas ; introduire la cartouche dans la chambre, l'y enfoncer fortement en la maintenant avec le pouce, et allonger les autres doigts *pour saisir la culasse-mobile, l'index à gauche de la cheminée.*

Quatrième temps : 1. Fermer vivement la culasse-mobile en retirant le pouce, et appuyer un instant les deux premiers doigts sur la culasse.

2. — Saisir l'arme à la poignée.

Cette charge ne diffère de celle du fusil Albini-Braendlin que par les mouvements indiqués dans les trois passages soulignés, un tireur exercé tire facilement treize coups en une minute.

Après quelque temps d'exercice, les deuxième et troisième mouvements du deuxième temps se confondent en un seul.

On procéda avec les carabines transformées modèle 1848-1868 (système Terssen) à des essais analogues à ceux qui avaient été exécutés pendant les mois de juillet et août 1867, avec les fusils Albini, par une Commission présidée par M. le lieutenant-général Arend.

Trente-deux carabines furent distribuées à la compagnie des carabiniers dont l'instruction du maniement de l'arme commença immédiatement.

Le même jour, à deux heures après-midi, on exécuta un tir d'essai de dix cartouches en blanc par homme, puis de dix cartouches à balle contre des cibles placées à la distance de 100 mètres.

Ce qui est remarquable, c'est que ce premier tir a parfaitement réussi malgré la courte instruction donnée aux hommes; ainsi on a obtenu presque 75 pour cent de balles dans la cible simple (1 ^{m} 70 de haut sur 0 ^{m} 60 de large.)

On a aussi constaté que le recul de la nouvelle arme était presque nul comparativement à celui de la carabine à tige, ce qui a causé une grande satisfaction aux tireurs.

Tir à la cible à 100 *mètres :* Chaque homme tire dix cartouches contre une cible triple (1 ^{m} 70 de haut sur 1 ^{m} 80 de large) divisée par des traits à la couleur noire en trois cibles simples.

La rose est figurée sur la cible simple du milieu qui est le but à atteindre; on a soin de n'indiquer aux tireurs que les coups qui portent dans cette cible et on leur recommande de toujours viser avec le cran de mire du premier but en blanc (200 mètres) sur un point blanc situé à 0 ^{m} 40 au-dessous de la rose.

On a comparé plus spécialement sous le rapport de la déviation horizontale des balles sept carabines à rayures droitières et sept autres carabines à rayures gauchères ayant des détentes de même force.

Vent sensible debout. — Ciel couvert.

RÉSULTAT.	Nombre de balles tirées.	Nombre de balles mises dans la cible simple :		
		de gauche,	du milieu,	de droite.
7 Carabines à rayures droitières. . . .	76	5	56	17
7 Carabines à rayures gauchères (Chassepot)	70	8	52	10
16 Carabines, idem .	160	14	121	16
TOTAUX. .	306		229	

Soit 75 pour cent de balles mises dans la cible simple qui figure la projection d'un homme à pied.

Tir à la cible à 200 *mètres,* en visant le milieu de la rose par le cran de mire de la hausse rabattue.

Vent sensible debout. — Ciel couvert.

RÉSULTAT.	Nombre de balles tirées.	Nombre de balles mises dans la cible simple :		
		de gauche,	du milieu,	de droite.
7 carabines à rayures droitières . . .	75	9	36	25
7 carabines à rayures gauchères . . .	75	14	35	12
16 carabines à rayures gauchères . .	160	25	80	25
TOTAUX. .	310		151	

Donc 50 pour cent de balles mises dans une cible simple et 83 pour cent dans la cible triple qui figure trois hommes de front.

Tir à la cible à 300 mètres (400 pas) : Pour mieux étudier l'influence de la déviation à droite on a tiré comparativement les 7 carabines à rayures droitières et les 7 carabines à rayures gauchères contre une cible de 4ᵐ de largeur au milieu de laquelle on avait tracé une cible triple divisée en trois cibles simples ; la rose était figurée sur la cible simple du milieu.

Les 16 autres carabines à rayures gauchères ont été tirées contre une cible triple divisée en trois cibles simples.

Pas de vent. — Beau temps.

RÉSULTAT.	Nombre de balles tirées.	Nombre de balles à gauche de la cible triple.	Nombre de balles mises dans la cible simple :			Nombre de balles à droite de la cible triple.
			de gauche.	au milieu.	de droite.	
7 carabines à rayures droitières.	70	0	5	15	14	15
7 carabines à rayures gauchères.	70	1	10	21	15	7
16 carabines à rayures gauchères . .	160	—	18	55	37	—
Totaux. .	300			89		

On a aussi déduit de ce tir le nombre de balles mises dans une cible double savoir :

	Nombre de balles tirées.	Nombre de balles mises dans une cible double.
7 carabines à rayures droitières.	70	22
7 » » gauchères.	70	35
16 » » »	160	88
TOTAUX.	300	145

On peut résumer ces résultats comme suit :

pour cent de (simple 50
balles mises { double 48
dans la cible (triple 62

Il est à remarquer que l'on n'indiquait pas aux hommes les coups qui portaient en dehors de la cible simple afin de les empêcher de corriger la déviation latérale des balles en visant en dehors de la rose.

Tir à la cible à 400 mètres (553 pas) contre les mêmes cibles et dans les mêmes circonstances atmosphériques.

RÉSULTAT.	Nombre de balles tirées.	à gauche,	dans la cible double,	à droite,	dans la cible triple,
7 carabines à rayures droitières.	70	5	18	23	27
7 carabines à rayures gauchères.	70	18	26	7	57
16 » »	160	8	58	10	74
TOTAUX.	300		102		158

En résumé on a obtenu à 553 pas :

pour cent de balles) double 54
mises dans la cible (triple 46

La même compagnie a obtenu cette année avec la carabine à tige une moyenne de 22 pour cent dans la cible double placée à 500 pas.

Tir à la cible à 500 mètres (666 pas). — Vent faible de droite.
— Beau temps.

RÉSULTAT.	Nombre de balles tirées.	Nombre de balles mises		
		à gauche,	dans la cible triple, à droite,	
7 carabines à rayures droitières . . .	70	2	18	3
7 carabines à rayures gauchères . . .	70	10	27	8
16 carabines à rayures gauchères . . .	160		54	
TOTAUX. .	500		99	

Ce qui donne une moyenne de 33 pour cent dans la cible triple.

Tir à la cible à 600 mètres (800 pas). — Mêmes circonstances atmosphériques.

RÉSULTAT.	Nombre de balles tirées,	Nombre de balles mises		
		à gauche,	dans la cible triple, à droite,	
7 carabines à rayures droitières . . .	70	3	14	8
7 carabines à rayures gauchères . . .	70	4	16	2
16 carabines à rayures gauchères . . .	160		37	
TOTAUX. .	500		67	

Ainsi la compagnie a mis dans une cible triple 67 balles sur 300 tirées à 600 mètres (800 pas), soit une moyenne de 22 pour cent.

A cette même distance et contre une cible ayant les mêmes dimensions, cette compagnie a mis cette année 31 balles sur 310 tirées avec la carabine à tige, soit une moyenne de 10 pour cent.

La supériorité du tir de la nouvelle arme est donc parfaitement et consciencieusement démontrée et les tireurs le reconnaissent avec beaucoup de satisfaction.

On a constaté que les carabines à rayures droitières ont donné à toutes les distances depuis 100 jusqu'à 600 mètres inclusivement des moyennes de tir inférieures à celles obtenues avec les carabines à rayures gauchères dans les cibles ayant les dimensions réglementaires, et elle reconnaît que cette différence provient de ce que le centre du groupement est plus à droite du point visé pour les carabines à rayures droitières que pour celles à rayures gauchères.

En ne tenant compte que des résultats fournis par les 25 carabines à rayures gauchères, on a obtenu les résultats suivants :

Distances en		Pour cent de balles mises dans la cible de 1 m 70 de haut et large de :		
mètres.	pas.	0 m 60	1 m 20	1 m 80
100	133	75	—	96
200	266	49	55	80
300	400	52	57	66
400	533	—	—	48
500	666	—	—	55
600	800	—	—	23

Comparaison des tirs exécutés avec ou sans yatagan :

Pour juger de l'influence du yatagan sur la précision du tir, on a exécuté avec 16 carabines garnies de leur yatagan, un tir à la cible à 400 mètres contre un front de trois cibles simples.

La comparaison de ce tir avec celui exécuté pendant la 5e séance avec les mêmes carabines sans yatagan ressort du tableau suivant :

	Nombre de balles tirées.	Nombre de balles mises dans la cible simple :		
		de gauche,	du milieu,	de droite,
16 carabines sans yatagan,	160	8	58	10
16 carabines avec yatagan,	160	18	55	10

L'examen de ce tableau fait voir que s'il y a perte de trois balles dans la cible simple du milieu pour les carabines avec yatagan, il y a par compensation, gain de sept balles dans la cible triple.

Tir des tirailleurs. Ce tir a lieu sur 43 cibles simples ou mannequins représentant une section de 16 files déployées en tirailleurs dans l'ordre dispersé.

32 cibles sont placées sur un rang à 3 pas d'intervalle ; les autres représentent les serre-files, les guides, le chef de section ; le capitaine avec sa garde et deux cornets sont placés en arrière de ce rang.

25 carabiniers déployés dans le même ordre à 300 mètres (400 pas) des cibles tirent chacun 5 balles en marchant en avant conformément à l'instruction pour les tirailleurs et 5 balles en marchant en retraite.

Avec la carabine Terssen les hommes conservent la hausse de 300 mètres pendant toute la durée du feu.

Avec la carabine à tige ; ils emploient en temps utile tantôt la hausse de 400 pas (300 mètres), tantôt la hausse de 300 pas (225 mètres), d'après les indications du chef de section.

Vent nul. — Temps couvert.

Les deux feux exécutés par les mêmes tireurs donnent les résultats suivants :

Désignation de l'arme.	Durée du feu.	Nombre de coups tirés.	Nombre de balles ayant touché.	Pr cent de balles mises.
Carabine Terssen.	8 minutes.	250	105	42
Carabine à tige .	12 id.	250	100	40

On exécute ensuite un tir de tirailleurs en place, à 300 mètres (400 pas), qui donne les résultats suivants :

Désignation de l'arme.	Durée du feu.	Nombre de balles tirées,	ayant touché.	Pour cent de balles mises.
Carabine Terssen.	2 1/2 minutes.	250	105	42
Carabine à tige .	7 id.	250	88	35

Force de pénétration des balles.

Pour terminer la séance on compare sous le rapport de la force de pénétration des balles les deux espèces de carabines.

A cette fin on tire à la distance de 600 mètres (800 pas), contre des cibles en bois de peuplier disposées en file et espacées de deux centimètres, jusqu'à ce que trois balles de chaque espèce aient touché la 1re ciblé.

RÉSULTAT. N^{os} des coups réussis.	Épaisseur de bois traversé en centimètres.	
	Carabine Terssen.	Carabine à tige.
1	16 centimètres.	55 centimètres.
2	15 id.	55 id.
5	15 id.	65 id.
TOTAUX.	42 id.	175 id.
Pénétrations moyennes.	14 id.	6 id.

Feux de position : 25 carabiniers déployés à 4 ou 5 pas d'intervalle tirent chacun 10 cartouches à volonté contre un front de cavalerie de 12 mètres de long sur 2^m50 de haut, d'abord à 600 mètres puis successivement à 800, 1000 et 1200 mètres.

Sur la cible on a tracé à 1^m70 du sol une ligne noire pour figurer le front d'infanterie. La rose est placée à 1 mètre du sol.

A 600 mètres (800 pas), le tir comparatif entre la carabine Terssen et la carabine à tige fournit les résultats suivants :

Désignation de l'arme.	Durée du feu.	Nombre de balles tirées.	Nombre de balles mises dans le front.		Pour cent de balles mises dans le front.	
			Inf^{rie}	Cav^{rie}	Inf^{rie}	Cav^{rie}
Carabine Terssen	5 m^{tes}	250	112	138	45	55
Carabine à tige	7 id.	250	49	65	20	26

Le tableau suivant donne les résultats obtenus dans les feux de position exécutés aux diverses distances avec la carabine Terssen.

Vent assez fort de gauche. — Temps couvert.

Distances en		Durée du feu en	Balles tirées.	Balles mises dans le front de		Pour cent de balles mises dans le front de	
mètres.	pas.	minutes.		Inf^{rie}	Cav^{rie}	Inf^{rie}	Cav^{rie}
600	800	3.00	250	112	158	45	55
800	1066	2.75	250	60	74	24	30
1000	1333	2.50	250	38	51	15	20
1200	1600	3.00	250	23	25	9	10

Ces résultats sont extrêmement remarquables et prouvent l'efficacité de la nouvelle carabine jusqu'aux plus grandes distances indiquées sur la hausse.

Feux de ligne : On passe à l'exécution des feux de ligne à 300, 400 et 500 mètres, en tirant contre une cible de 12 mètres de long sur 2^m50 de haut représentant un front de cavalerie.

Une bande noire est tracée sur la cible à 1^m70 du sol et la rose est placée à 1 mètre du sol.

25 carabiniers participent à ce tir et brûlent à chaque feu 125 cartouches; soit 5 par homme.

Vent assez fort de gauche. — Beau temps.

Feux à 500 mètres.

Espèce de feu.	Balles tirées.	Balles mises dans le front de		Pour cent de balles mises dans le front de	
		infanterie.	cavalerie.	infanterie.	cavalerie.
Feu par rang avec yatagan.	125	50	68	40	55
Feu par rang sans yatagan.	125	53	75	42	60
Feu de peloton sans yatagan.	125	59	78	47	62

Feu à 400 mètres.

Espèce de feu.	Balles tirées.	Balles mises dans le front de		Pour cent de balles mises dans le front de	
		infanterie.	cavalerie.	infanterie.	cavalerie.
Feu par rang avec yatagan.	125	45	66	56	55
Feu par rang sans yatagan.	125	47	61	58	50
Feu de peloton sans yatagan.	125	50	68	40	54

Ces résultats démontrent principalement que les feux exécutés avec le yatagan au bout du canon sont à peu de chose près aussi efficaces que ceux exécutés sans yatagan, tandis qu'il n'en était pas de même avec la carabine à tige.

Cette supériorité fut attribuée à une meilleure répartition du poids de la nouvelle carabine.

Feux à 500 mètres.

Vent assez fort de gauche. — Temps couvert.

Espèce de feu.	Balles tirées.	Balles mises dans le front de		Pour cent de balles mises dans le front de	
		infanterie.	cavalerie.	infanterie.	cavalerie.
Feu par rang.	125	45	52	56	42
Feu de file.	125	30	45	24	56
Feu de peloton	125	40	57	52	46

En comprenant les différents feux à 300, 400 et 500 mètres, on voit :

1° Que le feu de peloton a la supériorité sur le feu par rang.

2° Que le feu de file est très inférieur aux autres feux.

Pour terminer les expériences on a procédé à un tir de position comparatif à 900 mètres (1200 pas), contre un front de cavalerie de 12 mètres de long.

Cette expérience a eu lieu l'après-midi par un vent de gauche parfois très fort.

RÉSULTAT. Espèce de carabine.	Balles tirées.	Balles mises dans le front de	
		infanterie.	cavalerie.
Carabine Terssen.	250	17	20
Carabine à tige.	250	1	2

Pour les deux espèces de carabines, la majeure partie des balles ont passé à droite de la cible.

Il fut procédé ensuite à la comparaison du poids des deux carabines avec et sans yatagan :

Espèce de carabine.	Poids moyen de la carabine	
	sans le yatagan.	avec le yatagan.
	Kilogrammes.	Kilogrammes.
Carabine Terssen.	4.716	5,424
Carabine à tige.	4,870	5,634
Différences. . . .	0,154	0,210

La Commission voulant vérifier les résultats obtenus par le tir à l'épaule avec les carabines à rayures droitières et avec celles à rayures gauchères, décida de renouveler le tir comparatif en se servant du chevalet.

On tira avec chacune des 7 carabines à rayures droitières 10 coups à 500 mètres, puis on répéta le même tir avec 7 carabines à rayures gauchères.

RÉSULTAT.

Carabines à rayures droitières 70 coups.

Écarts à droite. —		
2 balles à	0.^{m}05 à droite, soit.	0.^{m}10
1	0. 25	0. 25
7	0. 35	2. 45
3	0. 45	1. 35
6	0. 65	3. 90
1	0. 75	0. 75
3	0. 85	2. 55
6	0. 95	5. 70
2	1. 25	2. 50
1	1. 55	1. 55
3	1. 75	5. 25
35 balles à droite.	Somme des écarts à droite	26. 35

Somme des écarts à droite.	26. 35
Somme des écarts à gauche	13. 00
Différence	12 75

Ecart moyen à droite 19 centimètres.

Écarts à gauche (1). — 7 balles à 0.^m05 à gauche, soit. . 0^m35

7	0. 15	1. 05
2	0. 25	0. 50
2	0. 35	0. 70
4	0. 45	1. 80
2	0. 55	1. 10
1	0. 75	0. 75
5	0. 85	2. 55
2	0. 95	1. 90
1	1. 15	1. 15
1	1. 75	1. 75

32 bal. à gauche. Somme des écarts à gauche. 13. 60

Carabines à rayures gauchères. 70 coups.

Écarts à gauche. — 4 balles à 0.^m05 à gauche, soit. . . . 0.^m20

3	0. 45	1. 55
2	0. 55	1. 10
1	0. 95	0. 95
1	2. 65	2. 65

11 balles à gauche. Somme des écarts à gauche 6. 25

Écarts à droite. — 2 balles à 0.^m05 à droite, soit . . . . 0.^m10

2	0. 15	0. 50
4	0. 35	1. 40
4	0. 45	1. 80
1	0. 55	0. 55
5	0. 65	3. 25
3	0. 75	2. 25
4	0. 85	3. 40
5	0. 95	4. 75
2	1. 05	2. 10
2	1. 15	2. 50
3	1. 35	4. 05

(1) Il résulte d'expériences plus précises, et dans lesquelles on est parvenu à isoler l'influence du vent (novembre 1868), que la dérivation à droite pour les rayures droitières, à gauche pour les rayures gauchères est comme suit :

à 200 mètres. . . . . 0.^m046   à 800 mètres. . . . . 0.^m854
à 400   id. . . . . . 0. 191   à 1000   id 1. 558
à 600   id. . . . . . 0. 449   à 1200   id 2. 054

Ecarts à droite. — 1 balle à 1. 55 à droite, soit 1. 55
                  1   1. 65   1. 65
                  3   1. 75   5. 25
                  3   1. 85   5. 55
                  1   2. 15   2. 15
                  3   2. 45   7. 35
                  1   2. 65   2. 65
                  1   2. 75   2. 75
                  1   2. 95   2. 95
                  1   3. 25   3. 25
                  1   3. 75   3. 75

  —   Somme
54 balles à droite.   des écarts à droite 65. 10
                              Somme
                  des écarts à gauche 6. 25

                  Différence   58. 85

Écart moyen à droite, 90 centimètres. — Il résulte de cette expérience, faite avec le plus grand soin, que le coup moyen des carabines à rayures droitières se trouve à 0^m19 à droite du centre de la rose, tandis que pour les carabines à rayures gauchères il est à 0^m90 à droite du même point.

Ce résultat, tout à fait anormal, ne peut être attribué qu'au vent qui pendant le tir des armes à rayures droitières soufflait d'avant en arrière, tandis qu'il soufflait d'avant en arrière et légèrement de gauche à droite pendant le tir des carabines à rayures gauchères qui a cependant suivi immédiatement le tir des autres carabines.

REMARQUES.

Rayures. — On constate positivement que les carabines à rayures gauchères de même que celles à rayures droitières donnent dans le tir à l'épaule une déviation à droite.

Cette déviation étant un peu moindre avec les carabines de la première espèce, la Commission leur donne la préférence.

Cette décision se trouve en outre motivée par la raison suivante : Quelque petite que soit la déviation due à la loi du mouvement de la balle, elle s'ajoute à celle qui provient du tireur avec les carabines à rayures droitières, tandis qu'elle s'en retranche avec celles à rayures gauchères; il est donc plus avantageux d'adopter les armes à rayures gauchères.

On n'accorda d'ailleurs au choix du sens de la rayure qu'une importance très secondaire, parce que l'avantage de la rayure gauchère disparaît dans les feux de guerre.

Aux grandes distances surtout, c'est la direction horizontale du vent, même d'un vent faible, qui décide du sort de la déviation des balles.

Extracteur. — 21 carabines avaient un extracteur à un œillet et 11 un extracteur à 2 œillets.

Le premier de ces extracteurs n'agit sur la cartouche que du côté gauche du bourrelet, tandis que le second agit aux deux extrémités opposées d'un même diamètre.

L'extracteur à un œillet exige plus d'adresse pour l'introduction de la cartouche et lorsqu'une cartouche a par hasard un bourrelet d'un diamètre un peu faible, elle a plus de chance de passer outre avec l'extracteur à un œillet qu'avec celui à deux œillets.

De plus, l'extracteur à un œillet a un petit jeu latéral qui augmente par l'usure et qui rend par la suite l'introduction de la cartouche ainsi que son extraction plus difficiles.

L'extracteur à deux œillets maintiendra, quelle que soit l'usure, un écartement invariable entre les deux branches qui agissent sur le bourrelet de la cartouche, pendant l'introduction et l'extraction de la cartouche qui seront toujours beaucoup mieux assurées.

Force de la détente. 8 carabines avaient une détente de 3 1/2 kilog.

15	id.	id.	4	Id.
2	id.	id.	4 1/2	id.
6	id.	id.	5	id.
1	id.	id.	5 1/5	id.

La Commission préfère pour les carabiniers la détente la plus douce possible.

En conséquence elle se prononce pour la détente de 4 kilogrammes qui, par l'usage, descendra à 3 1/2 ou 3 kilogrammes.

Une détente plus douce pourrait offrir l'inconvénient des départs prématurés.

Mécanisme. — Dans quelques carabines la cheminée touche le canon lorsqu'on renverse la culasse mobile, ce qui occasionne des dégradations à la surface externe du canon et au bout de la cheminée (1).

Plusieurs broches percutrices se courbent et se refoulent sous l'action répétée du choc du chien et quelques-unes présentent des doublures assez prononcées. Ces broches doivent être plus étoffées et faites d'un acier plus dur et plus rigide (acier fondu de 1re qualité); en outre, elles doivent être trempées.

Les autres petites pièces du mécanisme, savoir : la clef, le pène et la cheminée doivent être en acier fondu de toute première qualité et convenablement trempées pour éviter les refoulements et les bavures.

Un excès de force du ressort à boudin du pène ne sera pas nuisible et facilitera le fonctionnement du mécanisme.

Le trou foré d'outre en outre dans la partie postérieure de la boîte de culasse est inutile et doit être supprimé.

Accessoires. — Les cartouchières doivent être modifiées.

Un écouvillon serait indispensable pour bien nettoyer les rayures et la chambre.

Le bouchon du canon doit être supprimé.

Il faut délivrer un crochet extracteur par escouade.

Fourreau du yatagan. — Les dégradations trop fréquentes des fourreaux en cuir portent la Commission à émettre le vœu qu'à l'avenir les fourreaux neufs à confectionner soient faits en tôle d'acier ou bien que cette question soit le plus tôt possible mise à l'étude et le fourreau préconisé mis à l'essai au régiment des carabiniers.

Munitions. — On a tiré 6,000 cartouches à balle; ces munitions n'ont rien laissé à désirer.

---

(1) Les 30 carabines dont la commission disposait étaient le résultat d'une fabrication d'essai, faite à la hâte; elles laissaient à désirer sous plusieurs rapports.

CONCLUSIONS.

De l'ensemble de ces expériences, la Commission conclut à l'unanimité que la carabine Terssen est une excellente arme de guerre.

Outre sa grande rapidité de tir, cette arme présente sur la carabine à tige les avantages suivants :

1° Plus de justesse de tir, surtout aux grandes distances ;

2° Des portées plus étendues ;

3° Des hausses beaucoup plus faibles et, comme conséquence, des trajectoires plus rasantes ;

4° Plus de force de pénétration de la balle ;

5° Moins de poids et de recul ;

6° Enfin, elle est plus maniable pour le tir et pour l'escrime à la baïonnette, son poids étant mieux réparti.

En conséquence, la commission se prononce à l'unanimité pour l'adoption de la carabine Terssen.

Comme on le voit, ces résultats sont très remarquables, mais le mécanisme laissait encore à désirer au goût de l'inventeur qui vient encore de faire les sérieuses modifications suivantes :

1°. Pour diminuer l'adhérence en cas de rouille ou de cambouis, on a pratiqué deux gorges dans la clef. Ces gorges n'ôtent absolument rien à la solidité de cette pièce.

2°. Le contact du talon de la broche percutrice et de la clef laissait à désirer au point de vue du tracé ; on a arrondi les deux parties qui entrent en contact et l'on a donné à la demi dent, formée par l'entaille de la clef, un profil plus correct.

3°. Le pène a reçu un petit prolongement en forme de téton qui entre dans le ressort à boudin et assure sa position.

4°. Le profil de la glissière a été définitivement arrêté.

5°. Pour éviter le trop fréquent démontage du mécanisme, on a pratiqué un trou graisseur dans le pan supérieur de la culasse-mobile. Une goutte d'huile que l'on fait égoutter, de temps en temps, par le trou suffit pour lubrifier convenablement le mécanisme.

6°. On a diminué l'épaisseur du pommeau de la clef et l'on y a percé un trou de 8 mill. Cette modification fut reconnue bonne parce que le trou donne plus de prise que le quadrillage; en outre il fournit, dans le cas de rouille extrême, un moyen énergique pour faire mouvoir la clef.

A *priori*, on croirait reconnaître un certain air de parenté entre l'Albini modifié et le Terssen; il en est à peu près de ces deux armes comme du Dreyse et du Chassepot. Pourtant, la différence est assez sensible.

Le mécanisme du Terssen se compose de trois pièces principales : le pène, la broche percutrice et la clef. Le pène est cylindrique en bas et prismatique en haut; le dessus est entaillé pour recevoir la dent de la clef; la partie qui entre dans la gâche a la forme du pène des serrures de portes dites *à lançant*. Le pène, poussé par un ressort à boudin, sort de la culasse-mobile comme le pène à ressort des serrures.

Lorsqu'on abaisse la culasse pour fermer le système, le pène rencontre la glissière qui le fait rentrer dans son logement; arrivé en face de la gâche, le pène y entre de lui-même. Ce n'est donc que pour ouvrir le système qu'on se sert de la clef.

Tout ce mécanisme n'est à proprement parler qu'une serrure de porte : pène, ressort, glissière et clef, tout y est.

Nous venons de voir la modification faite à la broche percutrice dont la course est limitée, d'une part, par la clef et, d'autre part, par la cheminée.

La clef a été également modifiée; c'est tout bonnement un cylindre sans aucune partie saillante, tournant dans une mortaise cylindrique. Cette clef fait mouvoir le pène au moyen d'une dent de pignon, mais cette dent est produite par deux entailles longitudinales pratiquées dans la clef; elle fait mouvoir la broche percutrice d'avant en arrière, mais au moyen d'une demi-dent produite par une entaille transversale.

Le mouvement pour ouvrir la culasse n'est pas naturel, il est en sens inverse de celui à produire pour l'extraction. L'extracteur,

la pierre d'achoppement des armes à culasse mobile avec cartouche métallique, n'est pas sans défaut. Dans les premiers modèles,
l'extracteur occupait la demi-circonférence du logement du bourrelet, sur une profondeur plus grande que son épaisseur; ces gen-
res d'extracteurs ne peuvent pas être concentriques avec l'axe du
canon, sans nuire à l'extraction de la cartouche dont la douille sera
toujours retenue par la partie supérieure de l'arc de cercle et res-
tera calée dans la chambre.

On s'en est aperçu à temps et un nouveau modèle fut mis à
exécution. On creusa en biseau le derrière de l'extracteur, mais le
même inconvénient se fit sentir. On eut recours alors aux porte-à-
faux qui sont au préjudice de la persistance de la cartouche, c'est-
à-dire, que la cartouche en cet endroit est livrée à sa propre résistance à la partie la plus faible, au raccordement de la partie
cylindrique du culot avec le bourrelet. Une cartouche belge, tirée
dans le fusil Terssen avec porte-à-faux, se gonfle et prend l'empreinte de l'arc de l'extracteur en formant un deuxième bourrelet
sur tout le contour du culot,

Le porte-à-faux de l'Albini occupe deux fois 4 mill. dans le cercle de la chambre, tandis que dans le Terssen il est quatre fois
plus grand.

Nous comprenons difficilement la raison de ce changement, précisément à l'endroit le plus fragile du système.

La course du chien est trop grande.

Une arme à feu se chargeant par la culasse doit remplir trois
conditions essentielles : elle doit offrir une entière sécurité, son
fonctionnement doit être assuré et elle doit être d'un entretien
facile.

Pour que sa sécurité soit complète, il ne suffit pas que le coup
ne puisse partir accidentellement, il faut, avant tout, que le mécanisme reste fermé quand on tire, et cela quelle que soit la manière dont se comportent les cartouches.

On a vu plus haut que la mortaise verticale qui reçoit la double came du système Albini modifié, établit une large com-

munication entre le canal de la broche percutrice et le logement du verrou. Si la cartouche crève ou si seulement le fond du culot est troué par la broche percutrice, ce qui arrive fréquemment par l'obliquité de la tige, les gaz pénètreront par le canal de la broche dans le logement du verrou, et, agissant à la fois sur la came supérieure d'avant en arrière et sur la came inférieure d'arrière en avant, ils repousseront le verrou au fond de son logement et la culasse s'ouvrira. En outre, la broche percutrice, lancée en arrière avec d'autant plus de force que son diamètre doit être assez fort, à cause des entailles qu'on y pratique, brisera facilement la petite vis qui la retient, et si, à ce moment, les gaz n'ont pas encore repoussé le verrou dans son logement, le choc de la broche contre la came supérieure le forcera à rentrer.

Après cela, il est vrai que la came supérieure de l'Albini modifié par M. Deville-Massot, quand on tourne la poignée pour ouvrir le mécanisme, fait rentrer le bout de la broche percutrice dans son logement; de sorte qu'il ne peut y avoir de percussion accidentelle en refermant le mécanisme. Mais cet avantage ne saurait compenser le grave inconvénient signalé.

Dans l'arme Terssen, les gaz qui pénètrent accidentellement dans le canal de la broche percutrice n'ont pas d'action sur la clef ni sur le pène. Ces essais ont été faits au camp de Beverloo et les épreuves les plus décisives ont démontré que la sécurité est parfaite.

Mais cette sécurité ne serait pas complète si l'on pouvait faire feu sans que le mécanisme soit fermé. Dans l'Albini modifié, il faut non seulement tourner la poignée pour ouvrir le mécanisme, il faut aussi la tourner pour fermer.

Dans le fusil Terssen, on ne tourne la clef que pour ouvrir. Mais dans l'un comme dans l'autre cas, il peut arriver que la culasse n'étant qu'incomplètement fermée, le verrou ou le pène ne se trouve pas exactement en face de la gâche. — Qu'arrivera-t-il si le tireur lâche la détente ?

Dans le fusil Terssen, la broche percutrice sera arrêtée net par la clef et la percussion n'aura pas lieu : les dimensions de la clef répondent de la résistance.

Dans l'Albini modifié, la broche percutrice frappera la came supérieure qui transmettra le choc par la came inférieure au verrou, et tout l'effort (puissance et résistance) sera supporté par l'arbre de la came.

Combien de fois cet arbre résistera-t-il à un pareil effort? C'est difficile à dire, mais il est clair, à en juger par les dimensions que lui donne le dessin et vu son porte-à-faux, qu'il peut se casser ou se fausser au premier coup.

De là les modifications que nous signalons à la planche IV.

Ici se bornent nos remarques, ne voulant pas entrer dans une voie qui s'éloignerait du sujet que nous traitons.

CHAPITRE V.

Projectiles et leur forcement.

Le perfectionnement de l'armement fut longtemps arrêté par les difficultés à vaincre dans le forcement des projectiles.

Les modes de chargement sont très nombreux et chaque système a fait naître des projectiles de formes différentes.

Les principaux modes de forcement sont :

1°. Le forcement par le maillet, projectile sphérique enveloppé d'un calepin ou rondelle d'étoffe graissée.

2°. Forcement par la chambre (système Delvigne).

3°. Forcement par les saillies.

4°. Forcement par la compression de la baguette sur un ressant circulaire à la base du cône de la balle.

5°. Forcement par une tige en zinc dans l'ogive.

6°. Forcement par la tige vissée sur l'axe du canon.

7°. Forcement à expanseur mécanique.

8°. Forcement par expansion.

9°. Forcement par refoulement.

10°. Forcement par ensabotage.

11°. Forcement par la culasse.

L'énorme perte de temps qui résultait du mode de forcement au maillet a été une des causes permanentes du rejet de l'arme carabinée pour la guerre.

La balle chassée avec effort au moyen de la baguette et d'un maillet était un exercice impossible devant l'ennemi.

La charge de cette arme, quatre fois plus lourde que celle du fusil ordinaire, était dangereuse ; en outre, la carabine à maillet perdait de sa valeur comme arme de hast, puisque l'usage de la baïonnette ou du yatagan était empéché. Ce mode de chargement fut remplacé par la carabine Delvigne.

Le principe de ce système reposait sur l'adoption d'une culasse à chambre cylindrique plus étroite que l'âme du canon, sur laquelle une balle sphérique venait se placer, pour y être aplatie sous le choc de la baguette à tête massive.

Malgré des avantages immenses, cette arme n'était pas sans inconvénients.

La balle, reposant sur les bords, devait pénétrer dans la chambre en partie sous le choc de la baguette, se déformait et le centre de gravité s'écartait de l'axe du canon, ce qui était une puissante cause de déviation ; le plomb ne remplissait pas les rayures sous le choc des gaz, il y avait des échappements inégaux, inconvénient qu'on chercha à éviter par le sabot ou le calepin. L'encrassement était rapide, surtout sans calepin; la fabrication de la culasse compliquée et les sabots ne conservaient pas leurs dimensions et finissaient par ne plus pouvoir entrer dans l'âme du canon. Les expériences faites avec cette arme ont prouvé que si la justesse du tir était augmentée, la portée avait diminué.

Le calepin graissé dont l'officier français s'était servi n'ayant pas donné de résultats satisfaisants, M. Brunel, armurier français, proposa une nouvelle cartouche terminée à sa partie inférieure par un petit sabot en bois sur lequel la balle venait réposer, système connu en Belgique depuis 1832, inventé par M. Montigny, père.

Les efforts de M. Brunel échouèrent. C'est alors qu'on essaya les projectiles oblongs.

Dans le forcement suivant les saillies pénètrent dans les rayures et communiquent à la balle un mouvement rotatif.

M. George Lowell, d'Enfield, imagina de pratiquer dans l'âme du canon deux rayures directement opposées, ayant les dimensions plus considérables que les rayures essayées jusqu'alors ; la balle sphérique était coulée dans un moule qui lui donnait la forme de l'âme du canon. Ce fut le premier changement officiellement connu Cette balle était appelée : balle à ceinture. La balle russe à saillies longitudinales et la balle Whitworth sont également des projectiles du système de forcement par les saillies.

Dans la balle Whitworth on remarque une section droite donnant un hexagone régulier à angles abattus. L'âme du canon est engendrée par un rayon régulier animé d'un double mouvement de translation et de rotation. La balle est engendrée de la même manière ; le pas héliçoïdal des rayures est de 50 centimètres.

Les inconvénients du forcement à saillies sont :

Que la facilité du chargement laisse à désirer, tandis que la difficulté de fabrication est considérablement augmentée.

Le forcement est assez satisfaisant, mais l'encrassement est rapide.

Quant aux avantages, ils s'appliquent particulièrement à la balle du célèbre armurier anglais qui a su donner plus d'énergie au forcement se faisant en partie par refoulement.

La vitesse de rotation de la balle Whitworth est très-forte ; l'accroissement de la résistance de l'air étant considérable, la rotation irrégulière augmentée, la dérivation doit être assez sensible, à cause des pans latéraux, qui, pendant l'énergique rotation de la balle fouettent successivement les molécules d'air à gauche.

Dans le quatrième forcement, la baguette a la forme de la partie antérieure de la balle. La partie fraisée de la baguette frappe le ressaut cylindrique du projectile, le choc refoule cette partie et force le plomb à se loger dans les rayures.

Cette idée n'a pu être réalisée, les circonstances atmosphériques ne permettent pas que la tangente soit entamée par la baguette sans nuire à la course aérienne du projectile.

Dans le forcement au moyen d'une tige de zinc fichée dans le cône de la balle, la baguette chasse la tige vers la base du cône, le plomb s'épanouit et se loge dans les rayures. Cette balle, quoique bien imaginée, ne pouvait être adoptée, à cause de l'irrégularité que la partie antérieure du projectile présentait à la résistance de l'air.

Le forcement par la tige vissée sur l'axe du canon eut plus de réussite.

La culasse, au lieu d'avoir une chambre comme dans les systèmes précédents, porte une tige qui pénètre dans le canon concentriquement à l'axe ; la balle vient s'arrêter sur cette tige et le plomb s'épanouit par quelques coups de baguette.

C'est en 1844 que M. Thouvenin, officier français, proposa de supprimer la chambre qui compliquait la fabrication de l'arme, et de revenir aux culasses à bouton plein avec tige pour servir de point d'appui à la balle.

Les inconvénients de ce système sont :

Le nettoyage de l'âme du canon et autour de la tige est difficile. la balle ne se place pas toujours droite sur la tige et par conséquent le forcement n'est pas régulier ; un coup de baguette exagéré fait replier le plomb sur lui-même qui s'enroule vers l'axe de la tige et donne accès aux gaz entre la paroi du canon et la surface de la partie cylindrique de la balle, dont le mouvement rotatif devient anormal et occasionne le baguement du tube.

Dans la carabine à tige, les accessoires sont trop nombreux.

Dans le forcement par la tige, plusieurs modificateurs ont cherché à éviter les inconvénients résultants d'un bourrage exagéré, en construisant une balle à évidement à la partie postérieure du projectile ; de cette manière le plomb s'épanouissait plus facilement et la partie intérieure de l'ogive n'était jamais blessée. Cette balle est encore préconisée par nos amateurs de tir et par quelques chasseurs-éclaireurs de la garde-civique.

La balle à culot ou expanseur mécanique faisant l'office de coin, servit de transition entre la balle se forçant par la tige et celles à expensions s'épanouissant sous l'action directe des gaz.

Ces balles portent une cavité à leur partie postérieure, un culot, espèce de capsule ou disque conique en plomb, zinc, bois, terre glaise broyée et coulée, est introduit dans l'évidement pratiqué à la partie postérieure. C'est l'expanseur mécanique chassé par la détente des gaz qui fait épanouir le plomb et force le projectile dans les rayures.

Le poids considérable de la balle à culot Minié (49 grammes), les complications de la fabrication et l'espérance d'arriver à des résultats analogues avec des balles évidées sans culot, firent ajourner son adoption en France.

Les culots assurent la régularité et la modération du forcement. Ils permettent une grande vitesse initiale, parce que le plomb du projectile, toujours contenu par le culot, ne peut pas s'échapper des rayures. Un grand avantage, c'est que la balle à expansion permet d'employer les mêmes projectiles avec des calibres plus ou moins inexacts. Enfin, les culots empêchent la déformation de la balle dans le transport. C'est pour ces qualités diverses que cette balle est toujours maintenue en Russie.

Le forcement de la balle évasée se fait par l'action des gaz s'exerçant dans la partie creuse du projecile, laquelle ne peut jamais dépasser le cylindre sans occasionner de graves inconvénients.

Le chargement de la balle évasée est simple, facile et régulier, le forcement est indépendant du tireur ; le déchargement est plus facile que celui de la carabine à tige, l'arme est plus simple et son entretien plus commode.

Les balles expansives se divisent en deux groupes, savoir :

1° La balle à noyau ou téton ; 2° la balle creuse.

Les balles à noyau portent dans leur cavité un noyau ou téton, espèce de jet conique.

Les balles à creux simple ont été préconisées en France, Italie, où on ne voulait, ni culot, ni noyau.

Dans le forcement de la balle à évidement carré ou hexagonal, la section transversale est composée de parties alternativement fortes et faibles, avec section polygonale ; les parties faibles servent au forcement et les parties fortes servent à empêcher la déformation de la balle. Le forcement par refoulement se fait également sous l'action de la détente des gaz.

La balle à refoulement porte à la partie cylindrique des cannelures profondes, divisant cette partie en rondelles de plomb réunies entre elles par un col central.

La balle à refoulement fut adoptée en Autriche, en Suisse et en Belgique pour l'armement de la garde civique.

La balle autrichienne a toujours donné des résultats très-médiocres, ce qui fait supposer que les formes des rainures ont très-peu d'influence sur le forcement.

La balle suisse de petit calibre, mais assez longue, à cause du pas hélicoïdal très-court des rayures, se force très-bien et donne de bons résultats. Quant à la balle de la garde civique, il a été prouvé que le résultat est en dessous de celui obtenu avec la balle sphérique et le canon à âme lisse.

Le forcement par ensabotage serait un excellent système, s'il était prouvé que le sabot suit toujours exactement les rayures. En effet, dans ce cas, on ne déformerait pas la balle. D'ailleurs l'ensabotage ne paraît pouvoir être employé que conjointement avec un autre mode de forcement.

Les cartouches pour le fusil Dreyse, dans laquel le projectile, de forme ovoïde, est serré par un sabot en carton, qui s'imprime dans les rayures; le sabot porte à sa partie postérieure une cavité remplie de poudre fulminante qui est perforée par l'aiguille et communique le feu à la charge.

Vient enfin le mode de forcement de l'arme se chargeant par la culasse qui diffère selon le mécanisme adopté par les différentes commissions militaires qui ont eu à statuer sur les nombreux systèmes présentés et parmi lesquels il y eut peu d'élus.

CHAPITRE VI.

Rayures.

Les rayures sont très-anciennes : les premières, *rayures droites*, furent expérimentées à Leipsig, en 1440, et attribuées à Koller ou Kotter de Meremburg.

Dans le tir à balle sphérique avec une arme se chargeant par la bouche, deux causes donnaient une déviation aux projectiles en leur faisant prendre un mouvement de rotation irrégulier.

La première provenait du coup de baguette qui déformait la balle par le choc, et la seconde du ballottement du projectile dans son trajet dans l'âme du canon, dont le diamètre était plus grand, puisqu'il fallait l'espace nécessaire pour l'introduction de la balle dans l'arme, espace désigné sous le nom de *vent*.

On conçoit qu'un projectile d'un diamètre plus petit que celui de l'âme sort du canon non pas en glissant le long des parois, mais par bonds successifs, ce qui est à la fois une cause de détérioration pour l'arme et une déviation pour le tir. Dans une arme à balle forcée, le projectile sort du canon en glissant, tandis qu'une balle roulante ricoche le long du trajet, et la supériorité revient naturellement à la première. Mais la difficulté était de trouver une balle pouvant s'introduire librement dans le tube dont elle devait sortir en glissant.

M. le capitaine Delvigne, comme nous l'avons vu, parvint à résoudre le premier ce problème.

Plusieurs innovations suivirent l'invention de l'officier français, mais toutes visaient au même but, c'est-à-dire, l'adoption pratique de la balle oblongue. Le changement de la forme du projectile se fit pour le rapprocher de celle du solide de moindre résistance, ce qui permit de donner un poids plus grand avec une arme dont le diamètre et la résistance du canon étaient donnés ; de là, une force initiale plus grande, une justesse plus douteuse aux grandes distances, puisque la trajectoire devenait moins rasante, mais une force de pénétration plus considérable. Mais il fallait imprimer à la balle de forme oblongue, pour maintenir la direction, un mouvement de rotation autour de son grand axe.

C'est aux rayures qu'on s'adressa, mais cette fois avec principe, pour obtenir le mouvement rotatif du mobile.

Les rayures font du fusil un écrou dont la balle est la vis. Tout projectile lancé dans l'espace a deux mouvements : l'un de translation, l'autre de rotation ; ce dernier est rendu régulier par les rayures. Les rayures empêchent l'encombrement et exigent que la balle soit forcée ; de cette manière on évite encore l'inconvénient du ballottement de la balle dans l'âme du canon.

Les rayures peuvent être droites ou uniformes, progressives, arrondies, angulaires ou elliptiques. Les règles suivantes sont à observer :

1° Que le pas des rayures ne soit ni trop court ni trop ouvert.

2° Que le nombre soit impair de préférence, afin qu'il y ait un creux vis-à-vis d'un plein.

3° Que la profondeur de la rayure ne se dessine pas trop profondément sur le cylindre de la balle.

4° Que les rayures soient arrondies et uniformes.

5° Qu'elles tournent de droite à gauche.

L'emploi, dans les armes à feu portatives, de poudre d'une combustion rapide, permit d'employer un chargement à balle forcée, mais il fallut, comme nous l'avons vu plus haut, un maillet et une forte baguette en fer. Les rayures venaient singulièrement faciliter l'emploi de l'arme de guerre avec forcement du projectile; la crasse de la poudre se logeant dans les cavités permit plus facilement le passage du projectile dans l'âme du canon.

Le pas héliçoïdal des rayures doit être le plus petit possible ; cependant quand on le fait trop petit, la balle ne suit plus sa rayure et cela au détriment de la vitesse, mais avec augmentation de frottement et de recul.

Le forcement du projectile ne doit pas se produire brusquement ; ainsi, il est bon de laisser une partie lisse de l'âme du canon de un à deux centimètres de longueur au-delà du raccordement de la chambre avec le tube, afin que le projectile éprouve peu de résistance et pénètre insensiblement dans les rayures.

Dans les premières armes carabinées, on avait adopté la rayure parabolique dont le pas allait en diminuant du tonnerre à la bouche, mais les expériences ont fait rejeter cette disposition qui compliquait la fabrication sans avantages pour le tir.

D'après le raisonnement, le nombre impair paraît préférable, parce qu'on obtient ainsi un plein en regard d'un vide. Cette idée indiquée par le bon sens se trouve en outre justifiée par les expériences faites récemment en Angleterre.

La profondeur de la rayure pour l'arme à feu portative est généralement de 5/10 de millimètre.

Si on la faisait plus grande, elle affaiblirait les parois du canon tout en rendant le forcement plus difficile; si elle était plus faible, l'encrassement pourrait faire disparaître les rayures.

Ce dernier cas devient presque impossible dans l'arme se chargeant par la culasse puisque le projectile lubrifie l'âme du canon après chaque coup tiré.

La rayure ordinaire est concentrique à l'âme, les parois latérales sont parallèles au diamètre passant par le milieu du fond, les angles sont ainsi obtus et le plomb y pénètre en lubrifiant l'âme du canon.

Les rayures adoptées en Angleterre différaient de celles préconisées en France et ailleurs.

La forme de la section droite de l'âme et notamment l'inclinaison des rayures furent les deux questions à résoudre.

Les rayures système Whitworth, affectant la forme d'un hexagone à angles arrondis, ou la forme d'une ellipse dont les axes diffèrent très peu entre eux, fut précédée du système Leicester, dont le problème mécanique consistait à exécuter une âme semblable à l'aide d'un alésoir, dont l'outil est guidé par un noyau central héliçoïdal.

Pour la carabine Enfield on fit des expériences comparatives avec des armes à trois et à cinq rayures du pas de 1^m98 et de 1^m60; dans la carabine Lancastre, avec l'âme du canon à section elliptique, les axes ne diffèrent entre eux que de deux à trois décimillimètres, rayures progressives en inclinaison, d'un pas héliçoïdal de $0^m 914^m/^m$.

Ce fut la carabine à cinq rayures qui eut la préférence.

Depuis, de nouveaux essais eurent lieu et cette fois ce furent les rayures Henri qui l'emportèrent. L'âme du canon du fusil Henri est complètement rayée sur un pas hélicoïdal de 60 centimètres.

En France on a adopté les rayures uniformes, au nombre de quatre, sur le pas héliçoïdal de 0^m55 c. m., avec une inclinaison de droite à gauche; mais le gouvernement français avait été devancé par la Suisse, qui adopta le calibre de 10, 5, avec le pas des rayures de $0^m 50$ centimètres.

En Belgique, pour l'arme transformée, on a suivi l'exemple de la France, avec cette différence que l'inclinaison est de gauche à droite. Or, comme le pas des rayures donne une irrégularité dans le tir du côté de l'inclinaison de l'hélice, il se fait que la construction du fusil Albini est faussée au détriment de la justesse de tir à grande distance, par la rotation irrégulière à laquelle il faut ajouter les déviations provenant du recul de l'arme et de la pression des doigts sur la détente. Nous aurons donc pour écart à droite avec la rayure droitière, *A*, représentant le recul, *B*, celui du mouvement de la détente, et C, celui de la dérivation des rayures.

$$A + B + C = X$$

qui sera l'écart à droite.

Ainsi, au lieu d'additionner ces irrégularités du même côté, on aurait pu les diviser d'autant plus facilement que les deux premières émanent d'un mouvement désordonné du tireur, tandis que la troisième est inhérente à la formation des rayures, toutes causes indépendantes de la volonté du tireur.

Ne pouvant pas déplacer l'épaulement de l'arme, ni la pression des doigts sur la détente, on aurait dû agir mécaniquement en faisant comme en France, c'est-à-dire en creusant dans l'âme du canon des rayures gauchères.

CHAPITRE VII.

Hausse, pointage et appréciation des distances.

La haussé est l'instrument servant à faire varier la hauteur du cran de mire pour atteindre un objet lorsque la distance est connue.

Les hausses sont à clapet, à curseur, à trous, avec mécanisme circulaire, etc., etc.

Chacun de ces systèmes présente des inconvénients ; toutefois nous avions une préférence pour la hausse à clapet. Voici pourquoi :

Avec une arme donnant une trajectoire aussi tendue que celle du fusil Chassepot ou du fusil Albini, ce qui revient au même, puisque le principe de construction de l'un a été adopté pour la fabrication de l'autre, sauf la différence des rayures, une hausse à trois fenêtres était suffisante pour tirer sur les masses, et la hausse à curseur pour le tireur de *position seulement*.

La première fenêtre de la première lamette renversée donnerait un tir pour le but en blanc de 200 mètres avec un espace dangereux jusqu'à 300 mètres.

La lamette relevée donnerait un tir de 300 à 400 mètres ; et le deuxième clapet relevé pourrait permettre de tirer jusqu'à 600 mètres. Mais il faut pouvoir atteindre 1200, nous objectera-t-on. Soit, nous irons jusque là; mais ici on devra se souvenir un peu plus de cette instruction si utile à la guerre, malheureusement trop souvent négligée, à savoir, *l'appréciation des distances.*

Ainsi avec les trois fenêtres que nous venons d'énumérer, on pourrait changer la hausse sans déranger le clapet, en visant aux pieds, à la ceinture ou aux épaules de l'adversaire. Mais, nous le répétons, pour habituer l'homme à un tir efficace, il faut qu'il soit exercé souvent à l'école de tir; on n'acquiert de l'adresse que par une pratique sagement appliquée et constante.

Les raisons que nous venons d'énumérer ne sont pas les seules.

Dans toutes les positions où une hausse peut être amenée, elle doit présenter à l'œil du tireur une ligne horizontale libre. Pour pouvoir amener rapidement le but, le guidon et le cran de mire à coïncider entre eux, il faut, avant tout, que ces trois objets puissent être vus nettement à l'instant même où l'on couche en joue.

A ce point de vue, la hausse à clapet tournant autour d'une charnière est pour nous la meilleure. Quant à la hausse à curseur, il faut le temps nécessaire au tireur de faire glisser celui-ci, chaque fois qu'on change de hausse, ce qui se fait facilement si le ressort n'est pas trop rapide et ce qui ne se fait pas du tout, si ce dernier est usé; car, alors, le curseur glisse le long du montant de la hausse sans s'y maintenir, inconvénient très fréquent dans les hausses, comme celles adoptées en France. Nous avons encore une autre objection à faire, mais cette fois relative aux fenêtres des hausses à curseur adoptées en Belgique.

Le triangle la pointe en-dessous, formant la fenêtre, représentant le fond de l'encoche, devrait être plus obtus ; le sommet du guidon triangulaire se dessinerait mieux dans le visé à guidon plein, demi-plein ou à guidon fin. L'ouverture de la fenêtre devrait être de cinq millimètres, le guidon serait plus dégagé, le tireur maladroit ne viserait plus par un des côtés du triangle de l'encoche et le sommet du guidon, vrai tour de force par lequel le soldat croit tirer plus juste. Un seul coup de lime peut remédier à tout et indiquer pratiquement le côté défectueux de ce système par l'obliquité dans laquelle le tireur serait obligé de mener le fusil, soit à droite, soit à gauche, si la fenêtre était plus large.

Dans le pointage à guidon plein représenté par la figure A. Pl. 1., le sommet du guidon forme une horizontale et se confond avec la ligne supérieure du curseur.

Le guidon couvre l'objet visé et peut servir à augmenter la hauteur d'une hausse trop faible, par exemple, pour la hausse à clapet avec but en blanc à 200 mètres et un point à viser à 300 mètres.

Dans le pointage à guidon demi-plein, (figure B) le sommet du guidon se détache parfaitement, comme nous l'indiquions, vers le milieu de la profondeur de la fenêtre.

Dans le pointage à guidon-fin (figure C), le sommet du guidon s'aperçoit à peine dans le fond de l'encoche ; ce qui constitue évidemment le meilleur système, mais fort difficile dans la pratique.

Le viser à guidon demi-plein nous paraît le meilleur et le plus facile à apprendre à la troupe.

Dans le pointage à guidon plein, nous avons déjà signalé l'inconvénient que présente un des angles du triangle de la fenêtre trop aigu. Il reste encore à éviter l'inclinaison de la ligne de mire sur le plan vertical de tir, qui détermine une déviation à gauche, si l'on a visé par le côté droit du guidon et *vice-versa ;* dans les deux cas la portée est augmentée puisqu'il y a augmentation dans l'angle de mire.

L'appréciation des distances se pratique en Belgique en appelant l'attention des hommes sur les diverses parties de la coiffure, de l'habillement ou de l'armement, en leur faisant remarquer les différentes distances auxquelles tous ces objets sont encore perceptibles à la vue ; c'est-à-dire, qu'on exerce les hommes, comme en France, à l'*étallonage du pas.*

Ce travail se faisant sur un terrain de tir, où tout est placé d'après les principes connus, ne demande de la part des exécutants qu'une faible attention, mais il n'en est pas de même dans le tir de guerre, où chaque homme doit pouvoir apprécier par lui-même la distance qui le sépare de l'ennemi.

Autrefois on se servait en France, pour ce genre d'exercice, d'une petite planchette, appelée *Stadia*.

On connaissait déjà le *distanciomètre* (1), le *diastimètre* (2), le *tachimètre* (3), le *mesureur de campagne* (4), le *stadiomètre* (5), etc., etc.

M. Wolters, capitaine de l'armée belge (6), vient d'imaginer une *mesurette de campagne*, pouvant être utilisée par une ligne de tirailleurs marchant à l'ennemi occupant une position inconnue.

L'instrument, fort simple, se compose de deux pièces : la première est donnée au guide général de gauche de la ligne et la seconde au guide général de droite ; ces deux sous-officiers fixent chacun leur instrument au bout du canon ; la base de l'opération sera la ligne des tirailleurs déployés. Les intervalles étant connus, un côté du triangle le sera également.

La pièce destinée au guide de gauche, (Fig. 11 B. Pl. 2,) se compose d'une règle, pouvant se plier par une articulation au centre pour faciliter le transport, surmontée aux deux extrémités d'un disque colorié.

Le second disque (celui de droite) d'un diamètre de 12,5 centimètres, est peint en noir, afin de bien se dessiner sur le disque de gauche.

Ces deux disques servent de point de direction au guide de droite.

M. Wolters a pratiqué près de la ligne inférieure de chaque disque des charnières, autour desquelles ces disques peuvent tourner. Cette mesure a encore en vue de faciliter le transport.

La règle principale a 2 centimètres de largeur sur 1,5 de hauteur.

Les disques relevés, comme l'indique la figure de la planche II,

(1) Russie-Prusse (2) Somershausen. (3) Delhay, belge. (4) Ricard , France. (5) du Puy de Podio (France). (6) Pensionné.   11

la règle est de 25 centimètres ; quant à la petite règle à guidons, placée perpendiculairement à la grande, elle est longue de 18,2 centimètres, large de 1,7 centimètres sur 1,2 de hauteur ; les guidons ont 15,5 centimètres d'intervalle entre eux.

Une tige placée au centre et en dessous de l'instrument est mise au diamètre de l'âme du canon recevant l'appareil.

Pour parer à la fragilité de l'instrument, on peut le placer dans un étui de voyage avec le reste du bagage de la compagnie, sans autres précautions. Il en est de même de l'appareil porté par le guide de droite. (Fig. 11. A. Pl. 2.)

Cet instrument se compose de lignes droites et d'une lame en métal divisée par des traits indiquant l'ouverture de l'angle et par conséquent les distances qui séparent la ligne de tirailleurs de l'objet à atteindre.

La base de l'appareil est une règle longue de 40 centimètres, large de 2,5 centimètres et haute de 1,7 centimètre.

La règle A. B. à guidon est fixée à pivot-mobile à 7 centimètres vers l'extrême droite de la règle principale. Au dessus du pivot est pratiquée une entaille dans laquelle on place la règle C. D. également à guidons. Ces deux règles forment une équerre.

Une troisième règle à pivot mobile est fixée vers la gauche de la règle principale à 1,2 centimètre de son extrémité.

Le pivot de cette troisième ligne doit être placé de manière que la face latérale intérieure se confonde avec cette même face de la règle principale. Un indicateur des distances ou lame mobile en cuivre tourne autour d'un pivot à deux centimètres sur la règle principale, du centre du pivot de la ligne C. D. dont les sommets des guidons se trouvent à 16,5 centimètres de distance, tandis que ceux de la ligne A. B. sont à 17,5 centimètres de distance.

L'extrémité de la ligne E. F. se promène sur la lame en cuivre et indique le degré d'ouverture du triangle. Voici comment on opère :

Un peloton de tirailleurs de 32 files, déployés par groupes de quatre avec intervalle de 20 pas, aura dans la section de droite huit groupes formant sept intervalles dont l'étendue sera de 140 pas.

Le guide de droite en appuyant 10 pas vers la droite sera à 150 pas ou 100 mètres du guide de gauche. Cette ligne connue, on aura la base de l'opération.

D'après ce principe, il est évident que le commandant d'une ligne de tirailleurs pourra toujours savoir la distance qui sépare les deux guides d'une section déployée, quel que soit le nombre de groupes de camarades de combat dont la section est composée et quel que soit aussi le nombre de pas d'intervalle que les groupes auront pris.

Ces opérations préliminaires étant connues, et, la ligne déployée, le guide de gauche fixe son instrument au bout du canon, vise par ordre un objet quelconque dans la direction du but à atteindre, applique la petite règle vers l'objet désigné en se servant des guidons comme points de mire et reste immobile dans cette position.

Le guide de droite, qui a aussi fixé son appareil au bout du canon, dirigera la ligne A D en se servant des guidons comme point de mire, dans la direction des deux disques de l'instrument fixé par le guide de gauche. Cette ligne étant établie, il appuiera avec le pouce de la main droite sur la règle A B jusqu'à ce que les guidons de la ligne C D, qu'il suivra attentivement, soient dans la direction de l'objet choisi du côté de l'ennemi et qui sera le même but que celui visé par le guide de gauche.

La ligne A B a déplacé la ligne E F dont la pointe s'est prononcée sur l'indicateur ; et dès que la ligne C D est fixée, on pointille sur l'indicateur la distance cherchée.

S'il arrivait que le terrain sur lequel on opère fût inégal, le guide de gauche aurait soin d'incliner son instrument de manière à ce que la grande règle soit horizontale au terrain, si non le guide de droite ne pourrait placer les guidons de son instrument dans la direction des deux disques.

La mesurette de campagne Wolters comprend les distances de 150, 200, 250 jusqu'à 1200 mètres ; très portatif, chaque compagnie pourrait en être pourvue, et l'exercice de l'appréciation des distances ne pourrait qu'y gagner.

CHAPITRE VIII.

Trajectoires.

L'étude du mouvement que fait le projectile dans l'âme du canon s'appelle *balistique intérieure;* il s'agit de déterminer la position exacte de la balle au moment de la déflagration de la charge, de voir comment le projectile parcourt l'âme du canon, son mouvement en cet endroit et principalement sa vitesse initiale et la direction de son centre de gravité.

La *balistique extérieure* a pour but, connaissant les divers éléments et le travail du projectile dans l'âme du canon, d'en déduire la forme de la courbe décrite par la balle et la vitesse conservée en chacun des points de cette courbe par le centre de gravité.

Les principes généraux de tir se déduisent des positions relatives occupées par trois lignes savoir : la ligne de tir, la ligne de mire et la trajectoire (figure 1, pl. 1.)

La ligne de tir est l'axe du canon indéfiniment prolongé.

La ligne de mire est l'horizontale passant par le fond de l'encoche et le sommet du guidon.

La trajectoire est l'axe du projectile pendant sa course aérienne.

Dans ces diverses lignes on distingue : 1° les ordonnées ou espaces dangereux ; 2° le but en blanc, et 5° l'amplitude du jet.

Les espaces dangereux forment la flèche de la trajectoire avec la ligne de mire.

Le but en blanc est le point où la trajectoire coupe pour le deuxième fois la ligne de mire et l'amplitude du jet est le point le plus éloigné où le projectile va frapper.

Si la balle n'avait aucun obstacle à vaincre, elle obéirait à l'infini à la force de projection, mais dès qu'elle quitte l'âme du canon, elle se sépare de la ligne de tir en suivant le trajet ordonné par les lois de la résistance de l'air et de la pesanteur.

Ainsi, en l'absence de toute cause de déviation ou de dérivation, la trajectoire est tout entière dans le plan de tir; à son origine, elle se confond avec la ligne de mire, puis elle s'abaisse de plus en plus, à mesure que le projectile s'éloigne de la bouche du canon, par suite des trois forces auxquelles il est soumis. La trajectoire sera donc ici en-dessous de la ligne de tir.

Le premier élément qui agit sur le projectile est la force de projection dans laquelle on distingue : 1° *l'intensité*, qui exprime son rapport avec une autre prise pour unité; 2° le *point d'application* sur lequel la force exerce immédiatement son action et 5° la *direction* qui est la droite qu'elle tend à faire parcourir au mobile. Cette direction sera toujours droite parce qu'on ne conçoit pas qu'un corps puisse de lui-même s'écarter du prolongement de l'élément linéaire infiniment petit qu'il a commencé à parcourir au moment de la déflagration de la charge.

Mais ce mobile une fois dans l'espace deux éléments viennent combattre cette droite. La résistance des molécules d'air et la pesanteur du projectile.

La vitesse de la balle peut être décomposée en deux autres agissant entre elles à angles droits, c'est-à-dire la vitesse horizontale, produite par la force de projection, et la vitesse verticale déterminant l'action de la pesanteur. (Fig. 5, p l. 2.)

La plus grande élévation qu'atteindra le projectile, qui est considérée au moment où la vitesse verticale sera complètement détruite par l'action de la pesanteur, sera la flèche *maxima* de la trajectoire, hauteur du jet ou ordonnées, comprenant les espaces dangereux, soit de 1ᵐ 70 pour un front d'infanterie et de 2ᵐ 40 pour un front de cavalerie (Fig. 4. Pl. 1, 2).

La vitesse horizontale existant toujours jusqu'à la fin du mouvement, la gravité se combinera de nouveau avec elle, mais comme force accélératrice, et fera parcourir au mobile une trajectoire symétrique à la première, pour la balle *sphérique*, mais la vitesse verticale redeviendra ce qu'elle était au départ.

Le projectile ayant parcouru ces deux lignes sera arrivé à l'amplitude du jet.

La propriété de la ligne formant la trajectoire d'une balle sphérique appartient, d'après les principes connus, à une courbe, appelée *parabole*.

La *force de projection*, la *forme du mobile* et la *résistance de l'air selon sa densité* modifient cette ligne parabolique.

Il est évident que pour un même projectile tiré avec une même vitesse initiale, la portée ne dépend que de l'inclinaison de l'arme.

L'angle formé par l'âme de l'arme avec l'horizon s'appelle angle de projection ; si l'on connaissait tous les angles de projection nécessaires pour atteindre avec une arme donnée des buts dont la distance et la hauteur seraient connues, on aurait les règles du tir de cette arme.

Le problème le plus important de la théorie de tir consiste à déterminer l'angle de projection nécessaire pour atteindre un but dont la distance et la hauteur sont données. Cette détermination de l'angle de projection nécessaire peut se faire de deux manières, soit par des procédés théoriques, soit par des procédés expérimentaux.

Nous examinerons toutes les phases de ces deux études dont la dernière est la seule vraie.

La résistance de l'air contre un projectile dépend de trois éléments, savoir :

1° De la densité de l'air.

Plus celle-ci est grande plus la résistance sera difficile à vaincre.

2° De la surface ou de la forme antérieure de la balle.

Plus la partie antérieure du projectile est étendue, plus la résistance de l'air sera grande.

3° La résistance de l'air croît avec la vitesse du projectile et à peu près proportionnellement au carré de cette vitesse.

Plus la vitesse du projectile est grande et plus chaque molécule d'air choquée oppose de résistance.

Plus la vitesse est grande, plus le projectile rencontre de molécules, dans le même temps. La vitesse du projectile entre donc deux fois comme facteur. Ce raisonnement néglige plusieurs circonstances de phénomènes et l'expérience prouve que, pour les grandes vitesses, la résistance de l'air augmente encore plus rapidement que la vitesse.

Cela tient à des causes multiples dont voici les principales ·

1° Lorsque la vitesse est très-grande, le glissement des molécules d'air devient plus difficile.

2° L'action de l'air en arrière du projectile diminue en raison de la vitesse qui augmente.

L'effet produit par la résistance dépend principalement de la masse du projectile et lui est inversement proportionnel.

Pour donner une idée de l'importance qu'il y a à tenir compte de la résistance de l'air, nous nous bornerons à faire observer que la balle de fusil, lancée sous un angle de projection de 4°30′, fournit une portée d'environ 600 mètres, tandis que dans les mêmes circonstances et dans le vide la portée calculée serait de 3674 mètres.

Nous venons de voir que deux forces agissent en même temps pendant la course aérienne du mobile, c'est-à-dire, que la vitesse est décomposée en deux autres agissant suivant deux perpendiculaires, soit une force horizontale, soit une force verticale. Ce qui tendrait à faire croire que les molécules de l'air ne glissent pas le long de la tangente de l'ogive mais sembleraient parcourir ce trajet, à angles droits, *infiniment petits*.

Au premier abord, cela paraît invraisemblable; cependant nous avons fait une série d'expériences dans un bassin d'eau claire et limpide, permettant de suivre la course de la balle.

Avant d'aborder cette thèse, que nous examinerons sous toutes ses faces, nous dirons comment notre attention fut attirée vers l'exécution de ce tir, qui nous fit supposer *un moment* que la balle oblongue ne décrit nullement une parabole, mais atteint l'amplitude du jet par des angles droits *infiniment petits*, ne pouvant vaincre d'une part le véhicule d'air qui le précède, et étant, d'autre part, attirée vers le sol par l'attraction terrestre.

Supposons un canon en verre de 1^m 50 à 2^m de hauteur, rempli d'eau claire; qu'on y laisse tomber librement un projectile à la hauteur de deux mètres de chute, on constatera : que le projectile est précédé d'une grande quantité d'air qu'il entraîne avec lui dans le fluide, et avant que la balle soit arrivée au fond, on verra une bulle d'air remonter et se dégager à la surface, dégagement dont on peut se rendre compte en tenant à temps, près de la surface du liquide, la paume de la main qui recevra la percussion de l'air dont la densité est 1/770 de celle de l'eau.

Un corps, quel qu'il soit, se trouvant à l'état de repos, pour être mis en mouvement n'a pas seulement besoin, pour parcourir une distance donnée, d'une force unique, mais d'une *force initiale* ou force nécessaire pour vaincre l'inertie.

Le premier mouvement acquis, il s'agit de donner au mobile une direction qui sera la *force de projection;* vient ensuite la loi de la pesanteur qui agit en raison inverse du carré de distance.

Un mobile lancé dans le vide, en vertu de l'attraction terrestre, tendrait nécessairement à converger vers le centre de la terre, mais quelle serait la ligne qu'il parcourrait? sera-t-elle droite ou parabolique?

Si un corps part d'un point pour se diriger vers un autre, n'étant sollicité que par une seule force, qui est celle de la pesanteur, ce corps, s'il était en repos, tomberait selon la ligne verticale, qui est un des rayons du cercle de la circonférence ; mais le mobile est en mouvement, en vertu de sa force de projection, il s'avance sur l'horizontale et l'attraction qu'il subit est de tous les instants.

Ce mobile devrait donc tendre à se rapprocher du sol et agir selon une perpendiculaire.

Si l'on pouvait arrêter ce corps subitement dans sa course, comme il est projeté sur une surface plane, en vertu du principe que l'angle d'incidence est égal à l'angle de réflection, la chute serait verticale. Mais comme la force de projection continue, serait-il vrai, qu'attiré par la seule force de la pesanteur, il devrait tendre à s'en rapprocher toujours à angles droits, *infiniments petits*, jusqu'à ce qu'il fût arrivé à l'amplitude du jet ?

Lorsqu'un corps est lancé avec une grande vitesse, il *concentre* une colonne d'air éminemment élastique en rapport avec son volume.

Or, si cette théorie était admissible, le projectile ne pourrait glisser sur les molécules d'air, et celles-ci ne pourraient se dégager le long de la partie antérieure de la balle.

Représentons cette concentration par une force exprimée par B.

Si A représente la force de projection, nous aurons deux forces opposées entre elles qui tendraient à s'équilibrer. Mais A étant plus grand que B, le mobile devrait continuer dans le sens de la projection ; cependant s'il arrivait un moment où la résistance B, sans être égale à la force A, imposât au mobile une déviation de direction, quelle serait-elle ?

Comme nous l'avons vu plus haut, le corps projeté doit tendre à faire un angle droit ; ce serait aussi cette déviation qu'éprouverait le mobile, dans le cas donné, et voici pourquoi :

Le corps lancé selon la ligne de projection vient en un point où la concentration de l'air est telle, qu'il subit un mouvement d'arrêt (infiniment petit) et puis fléchit en raison de l'intensité de la force provenant de la résistance de l'air. Si maintenant nous ajoutons une troisième force aux deux premières, qui est la loi de la pesanteur, nous aurons pour leur expression deux forces multipliées entre elles ; mais l'une étant plus petite que l'autre, il est évident que le mobile, tout en déviant, continuera cependant sa course ; mais comme la force de projection diminue au fur et à mesure, la résistance de l'air et la pesanteur tendent de plus en plus à s'équilibrer, et, par conséquent, à faire descendre le mobile. Or, c'est précisément cette déviation constante que nous avons cherché à démontrer, comme devant se faire à *angles droits infiniment petits* et décrire la course aérienne en *zig-zag*, ainsi que nous l'avons constaté pendant le cours de nos expériences de tir dans l'eau, où les balles concentraient un grand volume d'air provoquant de fortes bulles en remontant à la surface du liquide, et les projectiles faisaient plusieurs angles droits avant d'atteindre l'amplitude du jet.

Cette théorie établie, voyons jusqu'à quel point on peut la rapprocher des phénomènes de la course du projectile dans l'air.

Nous venons de constater que la densité de l'air est de 1/770 de celle de l'eau.

Or, il serait difficile d'admettre une certaine analogie entre la façon dont se comporte un projectile dans l'eau et celle avec laquelle il opère le trajet aérien, le mode de séparation des molécules liquides n'étant pas du tout le même que celui des gaz fluides de l'air.

Relativement à l'air, on peut en quelque sorte considérer la résistance de l'eau comme celle d'un corps solide capable de faire dévier brusquement le projectile.

La différence de résistance peut donc être calculée dans le rapport de la différence de densité entre les deux fluides.

Quant à la colonne d'air éminemment élastique qui se forme devant le projectile et oblige celui-ci à éviter l'obstacle par des angles droits infiniment petits, ce raisonnement est peu admissible, car l'air s'écoule latéralement le long de la partie tengentielle de la balle, comme l'eau s'écoule le long des flancs *de l'avant* d'un vaisseau, c'est-à-dire que le fluide est *séparé* et non *accumulé* devant, et s'écoule en suivant l'ogive de la balle, éprouvant d'autant plus de résistance que cette ogive est obtuse.

Or, c'est bien ce qui se passe dans l'air entre la partie antérieure de la balle et l'air. Plus cette partie antérieure est obtuse, plus il y a de résistance de la part de l'air.

Ainsi, la balle sphérique a certes bien moins de portée, à poids égal, que la balle oblongue.

La pointe, c'est-à-dire l'extrême sommet de l'ogive n'éprouve point (ou à peu près) de résistance ; toute celle-ci est subie par les surfaces latérales du cône, en raison de leur angle d'inclinaison.

A mesure que cet angle devient obtus la résistance s'accroît, et, au moment où il le devient au point d'être confondu avec une droite, il est sur le point de subir le maximum de résistance.

Les bulles d'air qui sortent de l'eau quand un solide quelconque y tombe sont, nous semble-t-il, les globules d'air adhérant de toutes parts à la surface de ce corps qui a été inondé de fluide aérien avant de l'être du fluide du liquide. Or, à mesure que le solide s'imbibe de liquide, il perd le fluide aérien qui glisse chassé par l'eau plus dense et qui, plus léger que celle-ci, remonte à la surface.

Exemple :

Qu'on imbibe la balle sphérique d'huile et qu'on la laisse tomber dans l'eau : l'huile se détachera de la balle et remontera à la surface de l'eau ; ainsi fait le fluide, l'onde aérienne.

Pour compléter cette dissertation sur la trajectoire de la balle oblongue, nous citerons les expériences faites dans le parc Royal de Tervueren, au moyen du fusil belge et de balles allongées, afin de connaître et de constater pratiquement la forme réelle et l'élévation de la trajectoire que parcourent ces projectiles au tir à 1000 pas (750 mètres).

Pendant les expériences officielles qui se faisaient en présence de la commission réunie à cet effet, M. Charrin, capitaine de l'armée belge auquel nous devons ces renseignements, s'était particulièrement attaché à observer certains faits de tir, notamment en ce qui concernait les trajectoires ; et, sous ce rapport surtout, quelques-uns de ces faits l'avaient frappé, parce qu'il ne les trouvait pas d'accord avec les énoncés théoriques dont il avait été question.

Ainsi, par exemple, on avait dit que la trajectoire de la balle Peeters était une parabole régulière dont le tir, à mille pas, le point culminant, n'atteignait guère qu'une hauteur d'environ trois mètres au-dessus du sol. L'on fixait la situation de la flèche, correspondant à ce sommet de la trajectoire, au 6/10^m de la distance sur le sol, soit à 600 pas du tireur.

Or, en ce qui concernait la hauteur de la flèche, des expériences préparatoires que M. Charrin avait exécutées précédemment, comparativement entre la balle Peeters et la sienne, avaient donné lieu de croire que la minime évaluation de trajectoire que nous venons d'énoncer était erronnée, c'est-à-dire beaucoup moindre que la hauteur réelle ; et voici pourquoi :

L'expérimentateur s'était placé, pour exécuter son tir, au milieu d'une grande avenue longeant, à droite, l'espèce de canal qui prolonge l'étang du parc de Tervueren, et bordé de chaque côté de très grands arbres dont les branches du haut, en se confondant au-dessus du sol de l'avenue, formaient une voûte assez compacte et très élevée. Déjà, quand le tireur avait tiré à la distance de 800 pas, il était assez fréquemment arrivé que des balles des deux systèmes avaient rencontré des branches de cette voûte dans leur trajet, et dès que M. Charrin tirait à 1000 pas, le fait devint si fréquent et si gênant qu'il dut prier le régisseur du domaine de vouloir bien faire abattre certaines branches, qui, vers la distance de 700 pas, gênaient particulièrement en fesant dévier ou en arrêtant les balles au passage(1).

Outre que le tireur entendait distinctement le choc des balles frappant de plein fouet, il arrivait parfois qu'une branche plus exposée aux coups répétés tombait déchiquetée et coupée sur le sol.

Aussi, bien qu'on eut accueilli avec doute la prédiction de l'inventeur à cet égard pendant les premières séances des expériences officielles, lorsque commença le tir à 900 pas, il fallut bien se rendre à l'évidence, et la commission dut ordonner d'arrêter le tir et de transférer la cible en dehors de l'avenue d'arbres, parce que les projectiles atteignaient très-souvent le feuillage et les branches, comme d'ailleurs on le consigna dans le rapport officiel qui fut adressé à M. le ministre de la guerre.

On était donc bien loin de la trajectoire peu élevée dont il a été question, car, à vue d'œil, on pouvait évaluer la hauteur des

---

(1) Ces faits, nous les avons constatés lors d'une excursion faite à Tervueren.

branches atteintes à 14 ou 15 mètres au-dessus du sol ; et, comme on put s'en assurer plus tard, ainsi qu'on va le voir, c'était encore rester au-dessus de la hauteur réelle.

Quant à la forme de la trajectoire des balles allongées, divers faits portaient à croire qu'elle n'était pas la parabole régulière qu'on croyait d'après la théorie.

Les premiers doutes à cet égard étaient venus à l'expérimentateur pendant ses expériences préparatoires, alors que pour ménager le centre de la grande cible destinée à d'autres expériences officielles, M. Charrin s'était placé près des arbres de gauche ou de droite de l'avenue, et visait un des côtés de la dite cible, afin de mieux remplacer les planches entamées par les projectiles. Naturellement, il arrivait parfois que le projectile, qui longeait les arbres, déviant un peu, les touchait ou les effleurait, en laissant dans ce cas des empreintes plus ou moins marquées sur l'écorce.

Le hasard faisait même quelquefois qu'une balle rasant très légèrement plusieurs arbres placés sur le même alignement indiquait assez nettement son trajet sur une longueur de plusieurs centaines de pas. Ces diverses traces indiquaient assez approximativement la hauteur et la direction de la trajectoire pour que, reportées sur le papier avec les indications nécessaires, elles donnassent en quelque temps une trajectoire différant noablement de la parabole.

Cependant comme la moindre déviation verticale qu'aurait pu occasionner le contact, si léger qu'il fût, entre la balle et l'arbre pouvait tromper le tireur, il n'admit pas ces données de hasard comme concluantes, et il résolut de pouvoir préciser la courbe du projectile par des expériences minutieuses et sérieuses dès qu'il le pourrait. C'est ce qu'il s'empressa de faire dès que les expériences officielles furent terminées.

Ces expériences particulières d'alors présentèrent tant d'intérêt d'observation que M. Charrin annotait tous les détails dont il nous fit part et que nous tâcherons de résumer ici aussi brièvement que possible, d'après les notes et les relevés faits sur le terrain même.

L'expérimentateur tira, outre la balle Peeters, celle Charrin-

Peeters, ainsi que la sienne sans noyau, et la balle pleine Tamisier de la carabine à tige, qui, bien que donnant une trajectoire moins rasante que les autres, produisit sensiblement les mêmes résultats sous le rapport de la trajectoire des balles allongées, ce qui donnait à croire que celles-ci se comportent généralement de la même façon en ce qui concerne la forme de cette trajectoire.

Le tir eut lieu à la distance de 1000 pas avec le fusil rayé de l'infanterie belge, modèle 1855, avec charge ordinaire de la cartouche de ce fusil. Hausse, 40 millimètres. Angle de projection 3° 52′. Diamètre de la rose de la cible, 80 centimètres. Centre de la rose à un mètre au-dessus du sol. Le niveau de celui-ci indiqué par le sommet de 40 piquets plantés en terre de 25 à 25 pas, de façon à donner une ligne de sol parfaitement horizontale.

Trente-neuf panneaux, en bandes de papier de tentures, avaient d'abord été attachés par une de leurs extrémités à autant de ficelles, puis les deux bouts de chaque ficelle fixés chacun à une grosse corde latérale gisant à terre et longeant les arbres de l'avenue, jusqu'au moment où, tout étant disposé, il ne restât plus qu'à accrocher simultanément les deux cordes à des crampons fixés de distance en distance aux arbres. Ces 39 panneaux pendaient donc verticalement et transversalement au long de l'avenue, à 25 par les uns des autres, le premier à 25 pas du tireur et le dernier à la même distance en avant de la cible. Ils étaient formés par la réunion bord à bord, collés de deux bandes du dit papier et offraient une largeur totale d'un mètre. Leur sommet était à 24 mètres du sol, et leur extrémité inférieure s'arrêtait à deux mètres de terre pour laisser la ligne de mire et la rose bien à découvert, malgré l'affaissement que diverses causes pouvaient produire sur les moyens de suspension pendant le temps qui s'écoulerait avant le commencement du tir.

Tous ces panneaux étaient numérotés de 1 à 39. Le temps était beau et calme et pas un seul panneau ne se dérangea. (Voir la planche II. Fig. I. A.).

M. Charrin tira cent balles de chaque système, soit un total de 400.

Chaque série de cent balles fut tirée et relevée à part.

Lorsqu'il fit le relevé des points de passage de la trajectoire par celui des trous produits dans les panneaux par les projectiles, il prit la moyenne de la gerbe de balles qui, à l'endroit de la flèche, avait un diamètre vertical de 78 centimètres, ce qui est relativement très-minime.

Mais il avait pesé les charges avec beaucoup de précaution et il pointait avec la plus grande attention, à cause du peu de largeur des panneaux dans lesquels il s'agissait de concentrer les coups autant que possible pour ménager les munitions.

La trajectoire décrite à la planche II est l'image exacte de la moyenne obtenue.

Il en résulte :

Qu'à partir de l'embouchure du fusil jusqu'au 20° panneau (environ 500 pas), la trajectoire est tellement tendue qu'on pourrait presque la confondre avec une droite ;

Qu'à partir environ du 20° panneau, insensiblement l'angle de la trajectoire s'ouvre par rapport à son parcours précédent, bien qu'en ne s'éloignant guère non plus d'une ligne droite, et ce environ jusqu'au 26° panneau (650 pas), où commence l'apogée de la trajectoire, lequel se maintient pour ainsi dire jusqu'au 30° panneau (750 pas).

Qu'entre le 26° et le 30° panneau, cette sorte d'apogée de trajectoire, bien que légèrement courbe, se rapproche aussi tellement d'une droite, voisine d'une ligne horizontale, qu'il semblerait qu'en cette partie de son trajet la balle allongée plane pour ainsi dire horizontalement. Cependant, c'est au 28° panneau (700 pas) que correspond l'extrême sommet de la flèche.

Mais ce point culminant, situé à vingt mètres du sol, ne domine guère que d'environ 50 à 60 centimètres les points de passage de la trajectoire à travers les 26° et 30° panneaux. Ce dernier est celui où la descente du projectile s'accuse notoirement pour ensuite progresser rapidement en décrivant une courbe descendante plus sensible, et la plus prononcée de toute la trajectoire, jusqu'à la cible.

La trajectoire, dans l'espace, se compose donc en réalité de quatre branches d'arc distinctes dont trois se rapprochant plus ou moins d'une droite, et la dernière formant une parabole bien marquée.

Voici pourquoi :

La première branche, c'est-à-dire depuis l'arme jusqu'à environ 500 pas, est très tendue parce que la force d'impulsion imprimée à la balle est assez énergique pour dominer la résistance de l'air et l'action de la pesanteur.

La deuxième branche, de 500 à 650 pas, offre la figure d'un arc concave, c'est-à-dire dont la corde se trouverait au-dessus de cette partie de la trajectoire. L'ouverture d'angle de cette deuxième branche, par rapport à la première, est due à ce que le projectile commençant à perdre sensiblement de son impulsion, la pression de l'air, qui agit principalement sur sa partie antérieure, la redresse en la repoussant en arrière, de telle façon que le cylindre, plus lourd, aidant, le projectile allongé tendant à se renverser pivote sur son centre de gravité, et subit, dès lors, la déviation observée. C'est une véritable dérivation verticale et normale comme fait un flot rapide qui, lorsqu'il rencontre un obstacle, s'élève pour le surmonter et le dépasser. On pourrait évaluer l'angle à 45° que fait l'axe par rapport à la direction de la trajectoire au point culminant de celle-ci.

On pouvait positivement constater le changement de position de l'axe de la balle au point de parcours dont il s'agit en tirant en travers de très-minces feuilles d'étain appliquées en cette partie du passage des projectiles, et dans lesquelles ceux-ci laissaient des trous de forme tellement nette qu'on distinguait très-bien, non-seulement la position d'axe de la balle mais même ses cannelures.

Convaincu de l'exactitude de ses travaux, M. Charrin usa de l'emploi de feuilles d'étain pour constater le contour des surfaces présentées par le projectile dans ses diverses positions à d'autres distances, et notamment à celles de 300, 550 et 700 pas (voir au plan les tracés fidèlement reproduits des trous laissés dans les feuilles d'étain et dans la cible.)

La 5e branche, de 650 à 750 pas, est aussi un peu arquée mais dans le sens contraire de la précédente, c'est-à-dire qu'elle forme un arc à corde *sous-tendant ;* parce que dans cette portion de la trajectoire l'action de la pesanteur l'emporte déjà assez sur la force d'impulsion pour paralyser le mouvement ascensionnel de la balle, qui, nous l'avons dit, dans cet espace de cent pas semblerait planer horizontalement, sans doute parce que les deux forces, impulsion et pesanteur, se balancent, s'équilibrent.

La 4ᵉ branche, de 750 à 1000 pas, figurant un prolongement de branche d'arc descendant de la 3ᵉ, est la plus courbée et la plus inclinée vers le sol, parce que la quantité de mouvement imprimé par la force motrice diminuant de plus en plus à mesure que la balle file vers son point de chute, la force accélératrice de la pesanteur, en même temps que celle de l'attraction terrestre, se fait plus vivement sentir à mesure que le projectile approche du sol.

L'expérimentateur a constaté que pendant que le projectile parcourt cette dernière ligne, il change de nouveau de position relativement à la trajectoire, c'est-à-dire que l'extrémité antérieure de son axe s'incline assez vers la terre pour que la balle, en passant à travers le dernier panneau (975 pas) et en atteignant la cible, y pénètre par la pointe, cet axe se trouvant presque horizontalement. Les trous laissés par les projectiles en ces deux points (975 et 1000 pas) étaient circulaires, avec un très-léger évasement en haut. Ce dernier changement de position de l'axe du projectile s'explique parce que la résistance au mouvement, venant d'en bas, agit principalement sur la partie cylindrique, et la relève peu à peu, car la forme du projectile influe considérablement sur celle de la trajectoire.

De ces expériences faites avec soin par M. le capitaine Charrin et de son relevé de trajectoire dressé fidèlement ainsi que des données pratiques qui en résultent, toujours bien autrement sûres que des théories ou des calculs, quand il s'agit de balistique, nous n'hésitons pas à déclarer que la trajectoire des balles allongées n'est pas la parabole admise jusqu'à présent, mais bien une ligne ondulée, c'est-à-dire à plusieurs courbures diversement infléchies.

Ce moyen très-ingénieux et très-efficace n'est pas l'unique pour déterminer pratiquement l'ordonnée d'une trajectoire et ses espaces dangereux.

Toutes les trajectoires peuvent être déterminées par le calcul, mais comme les formules dont on se sert renferment des coëfficients déterminés eux-mêmes par l'expérience, il faut nécessairement vérifier les courbes elles-mêmes par des travaux exécutés sur le champ de tir ; en cas de désaccord entre la théorie et le résultat obtenu par l'expérience, les trajectoires obtenues sur le terrain de tir doivent toujours être préférées ; il s'en suit qu'on ne doit considérer les résultats hypothétiques du calcul que comme le point de départ des travaux à expérimenter qui peuvent se faire en tirant à chaque distance un nombre suffisant de coups.

Dans ce cas-ci on tire d'abord au chevalet, c'est-à-dire que l'arme est fixée à hauteur de l'épaule sur un appareil en bois garni de coussins en cuir (1).

On détermine d'abord le pointage, on tire ensuite un grand nombre de coups et on cherche le point d'intact moyen par rapport au point visé. Connaissant ce point, on corrige la hausse d'après une formule connue, énoncée comme suit :

$$C = \frac{E \times L}{a}$$

Mais si on considérait la résistance de l'air comme proportionnelle au carré de la vitesse du projectile, dans cette hypothèse, si V est cette vitesse et P la résistance de l'air, on a

$$P = \frac{V^2}{C}$$

expression dans laquelle C est une constante déterminée par les conditions du problème, et dont la valeur pour les projectiles sphériques est

$$C = \frac{8\,R\,d}{3\,N\,d}$$

d'où

$$P = \frac{0.375\,d}{R\,d}\,n\,V^2$$

---

(1) Le meilleur système connu aujourd'hui est le chevalet Ladry, de Bruxelles.

R étant le rayon de la sphère, D sa densité, P celle de l'air et N un coëfficient numérique relatif à la résistance de l'air. Ce dernier était supposé constant et ordinairement égal à 1.6.

Telles furent les formules des anciens géomètres lorsqu'ils touchèrent la pierre d'achoppement de la résistance de l'air, c'est-à-dire la détermination des espaces dangereux de la parabole. Mais revenons aux balles oblongues et à nos expériences pratiques, car depuis les formules d'Obenheim, Lombard et autres, nous avons eu celles de Hatton et de Borda, des Piobert, Didion, Tamisier, Timmerhans, etc., tentatives toutes très savantes faites pour mettre l'expression de la résistance de l'air d'accord avec la pratique, mais comme le dit fort bien M. le colonel Terssen, de notre artillerie : il ne suffit pas de trouver la loi de la résistance de l'air, il faut pouvoir intégrer les équations différentielles auxquelles elle conduit, et en supposant qu'on y parvienne, ce qui n'est rien moins que certain, on n'aura pas encore la vraie expression de la trajectoire des projectiles allongés, animés d'un mouvement de rotation autour de leur axe, attendu que la rotation fait naître une nouvelle force qu'il n'est pas permis de négliger et dont nous parlerons plus loin.

Pour le tir à grandes distances et lorsque le terrain permet de relever facilement les points de chute, il est souvent plus avantageux de se servir de ceux-ci que des points d'intact ; en effet le nombre de projectiles qui touche la cible n'est plus assez grand pour fournir les moyennes convenables.

Quand on se sert des points de chute, il y a deux corrections à faire.

1° Ramener le point de chute moyen au pied de la cible.

2° Relever ce point à hauteur du point visé.

L'opération de ramener le point de chute moyen au pied de la cible se fait par une simple proportion.

Cette méthode est bonne, mais on doit éviter de prendre la moyenne sur un trop petit nombre de coups, car alors on est obligé de prendre à chaque coup deux annotations au lieu d'une pour pouvoir mesurer l'angle de chute.

CHAPITRE IX.

Des causes d'irrégularité dans le tir.

Les irrégularités dans le tir sont : les déviations ou directions différentes de la trajectoire normale.

Les déviations dans le tir proviennent notamment de mouvements pertubateurs qui prennent leur cause dans le défaut d'équilibre, la différence de poids des diverses parties de la balle, *selon les diverses positions qu'elle prend successivement dans l'espace,* et la preuve, c'est que ces variations brusques, subites, se remarquent principalement quand on tire des balles excentriques (les balles creuses, par exemple).

Ces changements de position du projectile dans l'air, démontrés par la forme souvent bizarre des trous que fait la balle en traversant le panneau en papier, ou même en plomb laminé, s'expliquent approximativement. Selon nous ils prennent leur source initiale *au moment où la balle quitte le canon.*

Exemple :

Par la vibration du métal, par un frottement plus rude, plus intense d'un côté de l'embouchure du canon, par une soufflure assez forte dans le projectile, par un choc plus fort des gaz d'un côté du projectile selon la façon dont la charge s'est tassée en tombant au fond de l'âme dans une arme se chargeant par la bouche, ou dans la cartouche pour l'arme nouvelle, ou selon la manière dont le feu s'est propagé dans la charge, parfois plus vif d'un côté que de l'autre ; ou par un défaut de coïncidence entre l'axe du canon et celui de la balle, qui aura forcé celle-ci plus d'un côté que de l'autre, ce qu'on vérifie souvent en examinant l'empreinte des rayures sur des balles tirées ; enfin, il est avéré que si le projectile quittait toujours le tube dans la direction de l'axe de l'âme du canon, et s'il n'était soumis qu'à la loi de la pesanteur tout en ayant à vaincre la résistance de l'air dans la direction de son mouvement de translation, il suivrait exactement cette trajectoire normale et la question de tir de l'arme à feu portative serait considérablement simplifiée. Mais l'action de plusieurs autres causes rend le mouvement du projectile irrégulier, ce qui donne un tir incertain qui augmente rapidement avec les distances.

Les causes de la déviation peuvent être divisées en quatre groupes, savoir :

1° Causes d'irrégularité provenant de l'arme et des munitions.

2° Causes d'irrégularité provenant du tir.

3° Causes d'irrégularité provenant du tireur.

4° Causes d'irrégularité provenant des circonstances extérieures, savoir : la déviation et la dérivation qui se produisent pendant le mouvement du projectile dans l'air.

Tout défaut de fabrication donne lieu à des déviations, savoir :

1° Le sommet du guidon se trouvant dans le plan vertical de tir, si la hausse et par suite son cran de mire se trouvent à droite de ce plan, le projectile déviera à droite de la ligne de mire ; si le cran de mire se trouvait à gauche de ce plan, le projectile dévierait à gauche de la ligne de mire.

2° Le cran de mire de la hausse se trouvant dans le plan vertical de tir, si le sommet du guidon se trouve placé sur la droite de ce plan, le projectile déviera à gauche de la ligne de mire ; si le sommet du guidon se trouvait placé sur la gauche du plan vertical de tir, le projectile dévierait à droite de la ligne de mire.

3° Si le guidon est trop saillant et le cran de mire trop bas, les coups porteront bas; si le guidon est trop bas et le cran de mire trop haut, ils porteront haut ; c'est-à-dire que plus on élèvera la hausse plus on augmentera l'amplitude du jet.

4° Faussement et enfoncement du canon.

Avec les nouvelles armes à petit calibre et tube plus étoffé, cette irrégularité ne sera plus aussi fréquente qu'avec les canons à gros calibre dont les parois étaient moins épaisses.

Si le canon est faussé, la trajectoire dévie dans le sens de la concavité.

Les faussements sont de deux espèces : un canon peut être faussé à long pli, c'est-à-dire que la courbure est sous un angle obtus ; le canon peut être faussé à court pli, c'est-à-dire lorsque le métal ne s'est infléchi que sur une courte étendue, sous un angle aigu, ainsi que cela se produit lorsque le détenteur laisse tomber son arme sur l'angle de la barre transversale du lit en fer ou par suite de toute autre chute se produisant par un coup vif.

Les faussements du canon influent considérablement sur la justesse du tir.

Une autre cause peut produire un effet nuisible au tir, c'est le refoulement du métal de l'extérieur vers l'intérieur, produit par une chute sur un corps dur quelconque et qu'on appelle enfoncement.

Le départ trop dur est une cause de déviation pour la plupart des tireurs peu exercés.

L'action mal dirigée de la charge est une cause de déviation lorsque la résultante des actions de la charge ne passe pas par le centre, ou bien, si passant par le centre, elle n'est pas parallèle à l'axe; de là, une mauvaise direction du projectile au début et un mouvement de rotation irrégulier.

Avec les projectiles allongés les déviations provenant de l'angle du départ n'existent que dans les cas énoncés au commencement de ce chapitre ; aussi faut-il empêcher dans une arme à balle forcée, d'emplomber les parois intérieures du canon, ce qui se fait au moyen d'une cravate en papier en forme de cône, passée au-dessus de la partie cylindrique de la balle.

Recul.

Les irrégularités de tir provenant du recul ont été un sujet de contestations paraissant exister encore chez certains militaires, qui prétendent que la déviation du projectile est nulle parce que le recul provient de l'air pénétrant brusquement dans l'âme du canon lorsque la balle en sort.

Ces controverses existent depuis plus d'un siècle, puisque déjà, en 1703, les membres de la Société royale de Londres cherchaient à donner la solution au problème dont les anciens auteurs n'ont tenu aucun compte.

Ces expériences eurent lieu sur un chassis triangulaire qu'on pouvait rendre fixe ou mobile autour d'un axe vertical, passant par un des sommets du triangle. Ainsi, ce sommet étant fixe, l'effet du recul se faisant sentir, le coup aurait dû porter à droite et *vice-versa*, selon le placement de l'arme, mais le résultat fut négatif et la commission en conclut que l'influence du recul sur le tir était nulle.

Comment expliquer, cependant, cette transformation de poudre en gaz, ce déplacement du projectile forcé que la détente du gaz chasse brusquement, sans qu'il y ait là quelque mouvement mécanique agissant sur l'arme sans préjudice pour le tir ?

Mais ce n'est pas là la première erreur en balistique.

Tous les anciens auteurs ont soutenu que la combustion de la poudre était *instantanée*, que la tension des gaz était proportionnelle à leur densité, et que cette densité ne variait qu'avec le temps; nulle part on ne tenait compte des pertes qui ont lieu par le *vent* entre la paroi de l'âme du canon et le projectile sphérique dans une arme se chargeant par la bouche.

M. Daniel Bernouilli fut un des premiers qui fit part de ses impressions sur le calcul et les effets de la détente des gaz de la poudre et le mouvement du projectile dans l'âme du canon.

M. Benjamin Robins traita les mêmes questions dans son ouvrage relatif aux nouveaux principes d'artillerie (1). Mais ici

---

(1) Londres, 1742.

comme précédemment, ni M. Bernouilli, ni Robins n'attachèrent aucune importance aux fuites des gaz par la lumière et le vent.

En 1745, M. Euler fait paraître à Berlin la traduction de l'ouvrage de M. Robins, mais le traducteur s'éloigne de la théorie émise par l'auteur, et donne une solution analytique de la question dans laquelle il prouve qu'on peut sans erreur sensible *négliger la pression de l'atmosphère, la résistance de l'air au mouvement du projectile pendant son trajet dans la pièce, et le frottement qui peut avoir lieu contre les parois de l'âme.*

Le premier, M. Euler reconnaît l'erreur des anciens auteurs qui n'ont tenu aucun compte de la masse de poudre composant la charge et prouve que la force élastique du fluide ne doit pas être uniforme dans tout l'espace occupé par les gaz, qu'elle est moins grande près du projectile qu'au fond de l'âme, et que, par suite, la densité de ces gaz est variable dans leur étendue.

M. Euler démontre les pertes de vitesse qui résultent de ce que la poudre ne s'enflamme *pas instantanément,* mais il ne fait aucune mention du recul de l'arme.

Plus tard, M. Cassini fils reconnut que l'influence du recul existait, mais cette théorie ne fut pas complète et subit en 1818 une amputation assez bizarre par la conclusion d'une commission présidée en France, par le général d'Anthouard, qui affirma que l'influence du recul, *nulle pour le fusil, était appréciable pour une arme de petite longueur.*

A l'Ecole de Tir de Vincennes, M. le capitaine Fèvre, de l'artillerie, fit des expériences à l'aide d'un instrument extrêmement mobile et dans les conditions les plus favorables. Cet officier a confirmé pleinement l'*influence du recul sur la justesse de tir.*

Nous pourrions y ajouter les savants travaux balistiques de M. Le Boulengé, capitaine de l'artillerie belge, qui affirme l'effet de recul sur l'arme pendant que le projectile est encore dans le canon.

Il faut donc que le recul ait lieu par le choc des gaz provenant de la déflagration de la charge, et non pas par l'air pénétrant dans le tube, lorsque la balle quitte le canon, ce qui est du reste pleinement démontré par les travaux exécutés par M. Le Boulengé avec la clepsydre électrique.

En France à l'Ecole précitée on a résumé comme suit le résultat des expériences.

Les effets du recul seront parfaitement sensibles quand l'arme ne pourra pas reculer sans tourner autour d'un point fixe. Ils seront d'autant plus grands que le poids de la balle relativement à celui de l'arme sera plus considérable, et ils dépendront de la distance du point de rotation de l'axe.

Pour qu'ils disparaissent, il suffit que l'arme puisse reculer librement d'une très petite quantité; mais la manière dont le tireur appuie le fusil à l'épaule par un point qui est en dehors de l'axe du canon a de l'*influence sur la direction de la balle au départ et relativement au point visé.*

L'influence du recul est plus grande pour les armes rayées que pour celles à âme lisse. Négligeant le frottement dans l'âme, l'effet d'une même force sur deux masses différentes dans le même temps sera en raison inverse de ces masses. Si donc on augmente la masse du projectile sans augmenter celle de l'arme, l'étendue du recul augmentera par cela seul.

Une autre raison consiste dans le frottement plus grand dans les armes rayées. Comme la force nécessaire pour le vaincre s'applique en sens contraire à l'arme à feu, il y a de ce chef nouvelle augmentation de recul.

. Nos expériences nous permettent d'affirmer qu'on peut atténuer le recul en tassant la poudre pour être enflammée par en haut sous le projectile, dont le déplacement n'est pas aussi brusque que si la force motrice agissait après la déflagration d'une charge complète.

On ne doit pas non plus perdre de vue que, dans les armes à silex, la communication du feu avait lieu grain à grain au travers de la lumière, tandis que dans les armes rayées le dard du feu de la poudre fulminante sillonne la charge dont la déflagration est plus rapide.

Veut-on avoir la certitude que le recul a lieu pendant que la balle est encore dans l'âme du canon ? Qu'on fasse des expériences avec du pyroxyle au lieu de poudre ordinaire. D'une part le recul sera tellement violent que l'arme sera peut-être brisée, tandis qu'avec la poudre ordinaire il sera supportable. Parce que le pyroxyle donne une combustion instantanée, et que la poudre ordinaire s'enflamme progressivement.

Le recul agit à la fois sur l'épaule droite et la main gauche, chassant la première en arrière en faisant tourner le tireur sur lui-même par un mouvement horizontal, et agissant sur l'autre par un mouvement perpendiculaire en faisant relever l'arme.

Pour le tireur épaulant à droite, la déviation sera à droite.

Maniement de la détente.

L'arme épaulée à droite, c'est naturellement avec la main droite qu'on agit sur la détente ; ce qui cause une déviation pour chaque arme dont le départ est trop dur. Mais, comme on ne peut pas limer les crans de la noix et le bec de la gachette, pour une arme de guerre, comme on fait pour un fusil d'un amateur, on est obligé de régler le départ de la platine assez dur pour éviter les accidents. Cette dureté est une cause de déviation à droite qui vient ajouter une nouvelle irrégularité à celle provenant du recul.

Vibration du métal.

La vibration du métal est un inconvénient que M. le colonel John Jacob, de l'armée anglaise, a examiné avec soin ; ce savant officier donne une relation détaillée sur les expériences faites, dans un opuscule intitulé : *Rifle practice,* publié à Londres. Les irrégularités provenant de la vibration du métal sont en raison de l'épaisseur des parois du canon; — plus le tube sera étoffé, moins grands seront les écarts.

Dilatation du métal.

Dans le cours des expériences avec le fusil Albini, on voulut déterminer le nombre de coups que l'homme pourrait tirer de suite, sans trop se fatiguer.

Trois hommes expérimentaient.

Le premier cessa le tir au 99ᵉ coup, le second tira 104 balles et le troisième atteignit le nombre de 120 coups, ayant mis respectivement 9 — 9,5 et 10 minutes pour exécuter cette épreuve·

Le dernier tireur, probablement mieux exercé que les deux autres au maniement de la nouvelle arme, fut arrêté, non pas par la fatigue, mais par ce que la hausse, soudée à l'étain, tomba à ses pieds. Le métal de la soudure coulait le long du canon.

Selon Christon, la fonte de l'étain a lieu à 228°.

Cette remarque nous fit songer à la dilatation du fer. En effet, de nouvelles expériences démontrèrent à l'évidence que la dilatation est telle, que l'empreinte des rayures sur la partie cylindrique de la balle est nulle.

La forte chaleur du canon donne, par conséquent, une irrégularité dans le tir; le projectile ne suivant pas les rayures ne peut être doué du mouvement rotatif indispensable à la balle, pour opérer son voyage aérien, la pointe en avant, sans culbuter sur son petit axe et arriver aplati dans la cible.

Encrassement de l'arme.

Lorsque l'arme est fortement encrassée, le projectile éprouve des résistances irrégulières, sa vitesse initiale diminue et devient invariable.

L'encrassement provient des résidus solides de la combustion de la poudre qui se déposent dans l'âme du canon après chaque coup.

Les poudres à très gros grains, les poudres humides, les poudres dont la combustion est lente produisent beaucoup de crasse. Il est donc de toute nécessité que les poudres employées dans l'arme se chargeant par la culasse soient de première qualité, parce qu'ici il ne suffit pas de lubrifier l'âme du canon, au moyen de calepin graissé ou de cravate enduite de graisse, mais il faut encore ménager l'appareil de fermeture et toutes les pièces du mécanisme de l'arme qui peuvent être entamées par le dépôt de crasse après la déflagration de la charge.

Le mode de confection des cartouches exerce une grande influence sur l'encrassement et la justesse de tir.

Avec une cartouche en cuivre bien graissée, le tir aura une plus grande justesse, une force initiale supérieure au tir qu'on obtient avec la cartouche en clinquant; la portée et la pénétration subiront également une amélioration sensible.

—

De la maladresse du tireur.

Généralement les plus grandes causes de déviation sont dues au tireur. Supposons que le tireur reste exactement dans le plan de tir, il rencontrera des irrégularités s'il ne vise pas à guidon fin, c'est-à-dire si le point de mire ne passe pas par le fond de l'encoche et le sommet du guidon. Mais cette condition étant remplie, il peut pencher l'arme à droite ou à gauche ou viser par la droite ou par la gauche du guidon. Dans le premier cas, l'arme aura quitté le plan de tir et la déviation aura lieu du côté opposé où l'arme est penchée et en outre la portée sera diminuée; dans le second cas, la déviation aura lieu du côté où on aura visé, mais la portée sera augmentée, puisque le guidon diminue tandis que la hausse augmente.

Si la ligne de mire était parallèle à la ligne de tir, la déviation serait égale à la distance horizontale de ces deux lignes; mais si le point de mire à la culasse est plus éloigné que le point de mire à la bouche, dès lors la distance horizontale de ce point à l'axe est aussi plus grande que celle du point de mire à la bouche.

Si l'arme est inclinée à droite, le point de mire à la culasse est plus à droite que le point de mire à la volée; dès lors la ligne de mire coupe la ligne de tir et le projectile dévie à droite. Il se produit donc une déviation dans le sens vertical provenant de la hausse faussement employée.

Quant au pointage à guidon plein, à guidon demi-plein ou à guidon fin, nous avons reproduit les irrégularités qui en résultent dans un autre chapitre.

Position du soleil. — Si le soleil vient de droite, il éclaire la droite du guidon et la gauche du cran de mire. Les parties ombrées se détachant seules bien, il s'en suit que le tireur est tenté de viser par ces points; donc, la ligne de mire est inclinée vers la gauche et le projectile déviera vers la droite.

Des agents atmosphériques.

Les causes extérieures qui agissent pendant la course aérienne du projectile se divisent en deux groupes : les unes proviennent des irrégularités déjà énoncées et les autres des causes nouvelles suivantes :

1° Angle de départ fautif tant horizontalement que verticalement.

2° Vitesse variable à chaque coup par suite de charge inégale, poudre humide, cartouche mal confectionnée, trop grand encrassement, etc., etc.

3° La position variable du projectile à sa sortie.

Cette circonstance n'est pas indifférente si le projectile est excentrique et doué d'un mouvement rotatif; en effet, tant que le projectile est dans l'âme du canon, le mouvement de rotation est forcé, s'il prend bien les rayures, mais lorsqu'il est libre, le centre de gravité continue seul sa route; sa position à la sortie peut donc modifier sa direction.

4° Les mouvements de rotation irrégulière, qui sont :

A. Le mouvement de rotation autour de l'élément de la trajectoire ou axe vertical.

B. Le mouvement de rotation autour d'une perpendiculaire à une droite menée dans le plan de tir ou axe horizontal perpendiculaire au plan vertical de tir.

C. Le mouvement de rotation autour de la perpendiculaire au plan de tir, ou axe horizontal situé dans le plan vertical de tir ou dans un plan parallèle.

Le premier mouvement ne produit par lui-même aucune déviation.

Dans le plan de tir perpendiculaire à la direction de la trajectoire, si l'on regarde la projection horizontale de la balle, on voit que dans le cas du mouvement indiqué par la flèche (pl. II, fig. 9,) les points à gauche ont deux vitesses dans le même sens, tandis que les points à droite ont deux vitesses en sens contraire ; ainsi la résistance de l'air étant plus forte sur la gauche que sur la droite, le projectile doit dévier à droite et il dévie en effet dans le sens de l'hémisphère antérieur.

Le troisième mouvement de rotation est le même que pour le cas précédent.

Lorsqu'un projectile tourne autour d'un axe différent des trois dénommés, la rotation peut se décomposer en trois autres rotations suivant ces trois axes et, par conséquent, produire deux déviations l'une horizontale et l'autre verticale ; mais comme on ne sait pas autour de quel axe il tournera, il y a des mouvements irréguliers et des directions irrégulières.

Les déviations dues au mouvement de rotation des balles furent reconnues, pour la première fois, par le professeur d'artillerie anglais, M. Benjamin Robins (1745). Ces travaux furent poursuivis par M. Lombard, Hutton, Euler, etc.

En Belgique, M. le général Borremans inventa, vers 1840, un projectile à excentricité artificielle (fig. 6, pl. 2). On le place dans l'âme du canon, le centre de gravité vers le haut ; il s'en suit que l'action de la charge produit un mouvement de rotation de bas en haut sans que l'âme du canon soit rayée. Ce projectile arrivé dans l'air tourne donc l'hémisphère antérieur vers le haut, ce qui est avantageux puisque cela augmente la portée.

—

De la forme des projectiles.

Il est évident que la forme du projectile a une très grande influence sur l'action de l'air.

Si le diamètre varie, la surface exposée à la résistance de l'air varie, et cette résistance varie elle-même.

Si le poids varie, l'effet de la résistance varie en sens inverse.

Si le projectile est excentrique, la résistance de l'air passant par le centre de figure se transporte d'abord au centre de gravité, ce qui ne produit aucune déviation, parce que c'est une des forces normales produisant l'équation de la trajectoire ; mais en second lieu cette force fait tourner le projectile autour d'un axe passant par le centre de gravité et est perpendiculaire au plan mené par ce centre et par la résistance de l'air.

Quant à la balle oblongue, on admet un coëfficient de résistance égal aux deux tiers de celui de la balle sphérique, et égal aux trois quarts pour les balles creuses.

L'influence de la hauteur de la partie ogivale doit être également étudiée. La hauteur de la partie antérieure amincie ou arrondie d'un corps qui se meut dans un fluide ne peut varier qu'entre des limites assez restreintes pour vaincre avec plus de facilité la résistance que les molécules de ce fluide opposent à son passage.

Ainsi, donner trop d'acuité à la partie antérieure de la balle est une erreur.

Du reste, toucher à la forme du projectile est une grande imprudence. Ces changements doivent être précédés d'expériences sérieuses, car il existe une liaison intime entre le projectile et le pas héliçoïdal des rayures, leur profondeur, la forme, etc., etc.

On admet généralement que lorsqu'on augmente la longueur cylindrique de la balle, il faut diminuer le pas des rayures et réciproquement. C'est-à-dire que la vitesse de rotation doit augmenter à mesure que la longueur du projectile augmente elle-même.

—

Température.

Pour donner une idée de l'importance de la température sur le tir, il sufit de citer l'exemple de la hausse à curseur déterminant le tir en hiver. Pour atteindre la cible placée à 1000 mètres par un temps froid, sec, l'atmosphère étant peu élévée, il faut abaisser la hausse de 75 mètres environ. C'est-à-dire que la hausse en été sera celle marquée à 1000 mètres, tandis qu'en hiver on placera le curseur à 925 mètres.

Le même phénomène doit se présenter dans des proportions moindres pour la balle sphérique.

Le vent atmosphérique pousse le projectile dans le sens où il souffle et le fait dévier.

Un projectile oblong tiré à 900 mètres avec un vent intense de gauche à droite dévie de quinze mètres par seconde, soit 4^{m}92 vers la droite. Si le vent vient du côté de la cible, il diminue la portée et il l'augmente s'il vient du côté inverse.

Dans un tir où le but est très-élevé au-dessus de l'arme, on doit augmenter quelque peu la hausse ; si donc on emploie la hausse réglementaire, il s'en suivra une légère déviation vers le but ; ce serait le contraire si le but était fort au-dessous de l'horizon.

Dans une arme où la balle est forcée, l'action mal dirigée de la charge ne peut pas changer sa direction ni la faire tourner ; mais elle peut produire des frottements nuisibles qui diminuent la vitesse initiale ; le vent est supprimé, et la forme du projectile, si elle n'est pas correcte, peut modifier son mouvement dans l'âme et dans l'air.

Si le poids du projectile n'est pas exact, cela peut changer sa vitesse initiale ; si le diamètre n'était pas exact, le forcement serait imparfait ou il se produirait des frottements nuisibles.

Le nombre de tours que fait la balle dans l'âme étant parfaitement déterminé, la position du projectile à sa sortie dépend de sa position au fond de l'âme. Les mouvements de rotation irrégulière peuvent être considérés comme supprimés avec l'arme se chargeant par la culasse, sauf les variations de forme, de diamètre et de poids du projectile qui agissent dans l'air beaucoup plus avec le projectile cylindro-ogival qu'avec la balle sphérique.

De la dérivation.

Dans sa course aérienne, le projectile oblong est soumis à l'action de la gravité agissant sur toutes les molécules de la figure ; la résistance de l'air exerce son effet sur chaque élément de la forme du projectile, mais la partie antérieure de la surface qui est séparée de la partie postérieure par la courbe de contact de la surface de la figure et par un cylindre circonscrit dont la géné-

ratrice est parallèle à la direction de la vitessse, subit le frottement des molécules d'air qui se transmet sur toute la surface de
la figure.

L'excès de pression sur certaines parties de la surface et la
dépression sur d'autres, selon la rotation dans le sens inverse
ou dans le sens direct de leur mouvement de translation, dimi-
nuera ou augmentera l'écart du projectile selon le sens du mouvement rotatif imprimé au mobile par le pas héliçoidal des rayures.

Le frottement varie selon la projection de la vitesse sur la
tangente à la surface et de la densité de l'air.

La dérivation de la balle et l'abaissement de la pointe sont dus
à ce que le mouvement de rotation normale n'absorbe pas entièrement les mouvements de rotation irrégulière et que l'axe de
rotation au lieu de rester exactement parallèle à lui-même s'incline
un peu vers la droite, si le pas des rayures est de gauche à droite
et que le centre des résistances se trouve en avant du centre de
gravité.

Les projectiles dérivent à gauche, si le centre des résistances
se trouve en arrière du centre de gravité.

Dans une arme rayée de droite à gauche, les projectiles oblongs
dérivent à droite, toutes les fois que le centre des résistances se
trouve en arrière du centre de gravité ; ils dérivent à gauche, si
le centre des résistances se trouve en avant du centre de gravité.

Au départ, le projectile est dans le plan de tir ; la résistance de
l'air y est également. Or, le plan passant par le centre de gravité
et par la résistance de l'air se confond avec le plan de tir ; l'axe
de rotation irrégulier est donc horizontal.

En cherchant l'axe du mouvement rotatif, on trouve qu'il
est dirigé vers la droite du plan de tir, comme dans le cas énoncé
plus haut, et que, par conséquent, après une demi rotation, la balle
sera à droite présentant le flanc gauche à la résistance de l'air et
déviera à droite. Pour composer les mouvements de rotation, il
suffit de considérer la position antérieure de l'axe normal et la
position de l'axe irrégulier.

Du moment que le projectile est lancé, la pointe à droite, la résistance de l'air agit sur son flanc gauche et vers le haut ; ainsi le plan contenant le centre de gravité et la résistance de l'air sera incliné de haut à gauche, la perpendiculaire menée à ce plan par le centre de gravité, et qui doit devenir l'axe de rotation irrégulière, sera dirigée de haut à droite. Or, la partie droite de cet axe étant dirigée vers le bas, la résultante s'inclinera à droite, et en même temps que la partie droite vers le bas et on aura les mouvements giratoires et de translation.

La rayure communique donc le mouvement de rotation, semblable à celui que le fouet communique à la toupie et les agents atmosphériques donnent le mouvement de translation semblable au roulis d'un navire lancé sur les vagues pendant la *tourmente*.

CHAPITRE X.

Armes Tackels.

Nous venons d'exposer, autant que nous le permettait ce cadre restreint, les critiques élevées contre le nouvel armement ainsi que les inconvénients provenant d'une cartouche défectueuse et d'une chambre irrégulière laissant une tolérance exagérée entre la cartouche et les parois du logement.

Il est évident que le résultat du tir doit en souffrir, et que d'autres mesures sont à prendre pour y obvier que de viser *trente à quarante centimètres* en dessous de la rose.

Une des prescriptions du réglement, qui ne cesse d'être observée, c'est-à-dire de *viser toujours le centre du but*, est la seule praticable avec la hausse à curseur dont le maniement se prête parfaitement à toutes les corrections qu'il peut être nécessaire d'apporter aux angles de mire, soit pour tirer à des distances intermédiaires de celles fixées par le réglement de tir, soit pour régler le tir d'après les différences de portées dues à l'état des munitions, de l'atmosphère, etc.

Pour un tireur de position, cette théorie paraît exacte, mais pour une troupe en masse, la thèse change.

Il est incontestable que notre armement pour l'infanterie donne un résultat satisfaisant, mais ce n'est pas assez quand on peut avoir mieux.

Comme nous venons de le voir, la théorie de tir ressort de deux lignes principales, savoir : La ligne de mire et la trajectoire.

Mais à quoi servira alors la ligne de tir ?

A calculer la trajectoire, en la considérant comme ligne des *ordonnées*, sur laquelle on porte des distances égales, comme parcourues en temps égaux (dans le vide), les abscisses étant données par la loi de la chute des corps.

La ligne de tir est fictive dans l'arme et fictive dans la théorie.

Dans l'infanterie, comme dans la l'artillerie, à mesure que l'ennemi s'approche, le tir s'accélère et de près il devient aussi rapide que possible.

De loin le tireur doit ajuster la hausse, et les chances d'atteindre son adversaire diminuent avec l'éloignement du but ; il doit donc tirer *lentement*, pour ajuster avec soin.

Ce sont ces prescriptions qui devraient être suivies dans les exercices de tir.

De près la trajectoire est toujours rasante avec un projectile de petit calibre; or, presque tous les coups portent et le feu doit être aussi nourri que possible.

Le tireur, d'après l'instruction de tir, doit toujours viser l'ennemi à la ceinture; mais les erreurs tendant à tirer trop haut doivent être écartées avec soin, car tout projectile dans un tel tir passe au-dessus du but, sans effet utile, tandis qu'un projectile frappant un peu trop bas peut atteindre encore le but, même par ricochet.

Cette remarque est surtout à considérer dans un tir à longue portée et contre une colonne en marche.

Dans les exercices de tir à grande distance, il est prudent de placer un sous-officier instructeur derrière chaque tireur pour éviter les erreurs et surtout *les dangers*.

Un règlement de tir doit évidemment indiquer au soldat les causes qui peuvent faire varier la justesse de tir et les moyens d'y remédier, mais il ne faut pas exagérer ces détails, ce qui pourrait avoir pour résultat la perte de cette confiance illimitée que le tireur doit toujours avoir dans son arme.

Pour bien tirer, il ne suffit pas de bien diriger la ligne de mire dans le plan de tir, il faut encore l'y maintenir et faire partir le coup sans déranger l'arme, principe auquel on doit attacher la plus grande importance, car c'est en cela que réside en grande partie l'adresse du bon tireur.

Et qu'on veuille bien le croire, le tir doit avoir ses instructeurs comme les autres branches du service ; car depuis quelques années l'importance de l'adresse de l'infanterie dans le tir s'est considérablement accrue, en raison même des progrès obtenus dans les armes à feu portatives à longue portée.

Plus le tir sera étendu, plus augmenteront les difficultés, les irrégularités et plus le soldat devra être instruit.

Nous ne craignons pas de nous répéter encore en disant que, pour attendre un bon résultat du progrès des armes, il faut instruire et exercer le cadre, et qu'une école de tir est de première nécesité dans notre armée. Il est impossible de nier que si l'on est parvenu à tirer plus loin, plus vite et avec plus de précision, l'habileté seule permettra de profiter des avantages que présente une arme de petit calibre.

L'instruction du tir a pris une place importante dans l'art de la guerre, importance reconnue par toutes les puissances de l'Europe et au delà de l'Océan, où l'on n'a pas hésité à offrir les mêmes ressources à la science balistique qu'à l'adresse qu'on peut acquérir dans une école d'équitation pour apprendre à bien se tenir à cheval.

Si le cours d'équitation est indispensable au cadre de la cavalerie, une école de tir ne l'est pas moins à l'*infanterie tout entière*.

Quels progrès ne ferions nous pas si une fraction du cadre se livrait à l'étude des armes pendant la saison hivernale, temps précieux que l'on consacre partout à la théorie dont la connaissance est si utile aux exercices sur le terrain ?

C'est une vérité que l'on ne saurait méconnaitre sans saper dans sa base l'instruction essentielle de la troupe.

Il est vrai que nous avons une instruction de tir élaborée avec soin, et qui trace à chacun son devoir sous l'impulsion et la responsabilité des chefs de corps qui ne négligent rien pour développer le goût de cette importante branche du service ; mais les efforts les plus assidus seront toujours stériles, si le point de départ de l'instruction est faux. On ne s'aurait d'ailleurs mieux faire, pour le moment, que de se conformer en tous points aux diverses prescriptions formulées dans la nouvelle instruction sur le tir.

Nous croyons avoir exposé suffisamment les résultats d'une expérience acquise par le travail et le maniement des armes.

En ce qui concerne spécialement la cartouche, nous voudrions la voir s'améliorer encore par la disparition des inconvénients que nous avons signalés.

Nous allons maintenant entrer dans la description des nouvelles armes de notre invention, description que nous abrégerons autant que possible, et qui se complètera naturellement par les dessins et figures auxquels nous renvoyons nos lecteurs.

Fusil A.

Cette arme fut examinée à la manufacture de l'État, ainsi qu'il est dit plus haut.

On trouva qu'elle avait un air de parenté trop prononcé avec le Remington et on en fit un reproche à l'inventeur.

C'est bientôt dit.

Si encore on s'était donné la peine de vérifier l'exactitude du fait avancé ; mais dire *à priori* : Vous n'êtes qu'un plagiaire, c'est montrer peu de délicatesse pour l'amour propre de celui qui travaillait dans l'intention unique d'être utile à son pays.

Nous ne voulons pas enfoncer de porte ouverte.

La vérité, la voici toute entière :

Ce modèle nous fut inspiré en examinant avec attention le mécanisme du pistolet Flobert, et cette inspiration date de bien avant les guerres intestines des États-Unis, qui ont donné naissance au Remington et à tant d'autres armes d'invention américaine, que la guerre de Sadowa a fait jeter sur le continent.

Celui qui connaît le mécanisme et la méthode d'arcbouter du Remington, doit être édifié sur la valeur du motif de rejet de notre œuvre. Mais laissons cela, et arrivons à la momenclature du fusil.

Ici comme dans toutes les armes à feu portatives, la pièce principale du canon A est en acier fondu, la monture B est en bois de noyer, le clapet D et le marteau C en acier à trois marques, E est le ressort maintenant le clapet sans le garantir contre le choc des gaz dont le point de résistance est l'arbre du marteau.

Tout le mécanisme repose sur une perpendiculaire. L'action a lieu suivant l'axe du canon, agit perpendiculairement au bras de levier $b\,p$. Cette action est reportée sur le bras de levier $b\,c$ dont l'effet réagit sur l'arbre du marteau. On aura par l'équation des mouvements :

$$P \times R = Q \times r$$

d'où
$$Q = \frac{P \times R}{r}$$

Ainsi le choc des gaz provenant de la déflagration de la charge aura lieu sur l'axe p agissant sur l'arbre du clapet par la perpendiculaire $b\,r$ et réunissant la valeur de la réaction produite sur l'arbre du marteau par les perpendiculaires $r\,c$.

Or, le ressort E est complètement en dehors du mouvement au moment où l'action de la détente des gaz agit, pour projeter la balle hors du canon.

Comme dans le Flobert, la cartouche porte son amorce, mais au centre.

Pour armer, on abat le marteau et ensuite le clapet. Ces deux pièces tournent autour de leur arbre respectif ; le clapet est tenu contre l'orifice de la chambre, par une des branches du grand ressort, dont la seconde branche commande le marteau.

Ce clapet porte un crochet F recevant le bourrelet de la cartouche dont les débris sont ramenés après le coup parti.

La figure D représente la coupe pour le plan médian de l'arme.

La figure C indique comment le marteau est logé dans sa boîte avec tout le mécanisme.

Canon. On y remarque : 1° la tranche de la bouche, 2° le tenon de baïonnette, 3° le guidon avec grain de mire assis sur un pied carré, 4° le tonnerre, 5° la tranche du tonnerre, 6° la fraisure ou logement du bourrelet de la cartouche.

L'âme du canon est cylindrique, à rayures uniformes et arrondies, comme l'indique la figure 2 de la planche 11 ; la chambre ou logement de la cartouche est conique afin de faciliter le travail de l'extracteur.

Les parois de l'âme du canon sont lisses sur une longueur d'un centimètre au-delà du raccordement de la chambre avec le tube.

Le pas des rayures est de 0,89 centimètres, c'est-à-dire que le spire fait un tour sur la longueur du canon.

La profondeur des rayures est uniforme et les angles sont arrondis afin de donner le mouvement giratoire au mobile sans laisser de trace sur la partie cylindrique de la balle.

Vers le bas de la tranche du tonnerre on remarque une légère entaille donnant passage au jeu de l'extracteur.

Près de la tranche du tonnerre et immédiatement en-dessous du canon est un tenon servant à fixer la platine; à quatre centimètres plus loin, ce tenon est répété. Outre que ces deux pièces complètent le systèmage de la mécanique, elles font encore l'office de support à la grande branche du ressort qui assure le clapet.

Le clapet tourne autour d'un axe et porte les deux *femelles charnières* prenant le mâle fixé au canon.

On remarque aussi au clapet le passage pour la tête du percuteur ; pour abattre le clapet on agit sur la petite poignée que l'on remarque à droite de la pièce.

L'extracteur, qui fonctionne très bien, est large de 8 millimètres.

Le boulon de charnière complète la fermeture du tonnerre.

Chien. Cette pièce porte la noix et la bride ; elle pivote perpendiculairement sur l'axe du canon. C'est la vis du chien qui supporte le choc des gaz au moment où la poudre déflagre. Les crans de la noix, l'un d'arrêt et l'autre de bandé, reçoivent la tête de la gachette et un support-bride maintient la petite branche du grand ressort.

Grand ressort. Il est en acier de première qualité. La grande branche a une longueur de 11 1/2 centimètres, sur une largeur de 12 $^{m}/^{m}$; la petite branche, longue de 9 1/2 centimètres, n'a au bourrelet qu'une largeur de 6 $^{m}/^{m}$. Le grand ressort est maintenu dans la boîte autour d'une broche ; le mouvement des deux branches est parfaitement libre, point essentiel pour la solidité et la conservation de la pièce.

Gachette. Elle est du même modèle que la gachette du fusil de 1853, ainsi que la détente.

Ressort de gachette. En acier de première qualité, il est fixé d'un côté par une vis et le côté à bourrelet, agissant dans la gorge près de la tête de la gachette, oblige par sa pression le bec de la gachette à entrer dans les crans de la noix dont elle est dégagée par le bras de levier de la détente. Ces différentes pièces comprennent le mécanisme de la platine. Elles sont logées dans deux plaques en acier, formant la boite encastrée dans la monture. Tout le mécanisme agit automatiquement sur l'axe du canon.

La sous-garde, le pontet, les bracadeiles de la plaque de couche sont les pièces de garnitures de notre arme.

La hausse est à curseur avec heurtoirs sur les flasques pour les tireurs de position et à clapet à trois fenêtres pour l'infanterie de ligne.

La baguette est en acier et on peut adapter la baïonnette ou le yatagan au bout du canon.

Monture. La monture est en bois de noyer facile à travailler, et se conservant bien sec. Le fut loge le canon de la moitié de son épaisseur et sur toute sa longueur pour le garantir contre les chocs accidentels.

La forme et les dimensions de la crosse sont déterminées de manière que le tireur après avoir appuyé la plaque de couche contre l'épaule, puisse viser et tirer sans gêne et sans être incommodé par la course du chien. La distance entre la tranche du tonnerre et la plaque de couche est de 40 centimètres.

La pente de 12° à 15° a pour but de briser la ligne droite et d'atténuer ainsi le recul (voir la planche II, figure II).

Si on suppose que A B soit la direction générale du canon et B C celle de la crosse; que le point C soit absolument fixe et F qui est l'appui soit parfaitement normal à B C, on aura la force du recul dirigé suivant A B dans le sens de la flèche qui tendra à faire tourner l'arme autour du point C avec un bras de levier C D ; cet effet, parfois peu sensible dans le fusil où la main gauche vient maitriser le mouvement vertical, est très sensible dans les armes courtes, telles que : le pistolet où l'action du recul vient se transmettre entièrement sur le point fixe suivant C E et se décompose suivant C F et E G.

La force C F domine lorsque la pente augmente, il s'en suit que le recul est atténué, mais en revanche la force G G augmente et par conséquent il se produit un mouvement de glissement le long de l'épaule qui fait tourner le tireur sur lui-même et qu'il doit vaincre par une bonne position et une force musculaire.

L'épaisseur de la crosse est nécessaire non-seulement pour donner la solidité à la monture, mais aussi pour répartir uniformément le choc du recul sur une surface plus grande. Dans cette arme le placement du canon dans son logement est d'une grande importance, car toutes les pièces étant placées suivant l'axe du canon qui reçoit les femelles de la charnière du clapet, le chien et les autres pièces de la platine, il faut, disons-nous, une exactitude mathématique dans le creusement du logement du canon et le placement de celui-ci.

Le marteau doit être bien fixé et les dimensions bien observées ; les positions relatives de la détente, de la gâchette et du marteau-noix doivent être réglées de manière que le départ ne soit ni trop dur, car il nuirait à la justesse du tir en contrariant le pointage, ni trop facile, car il donnerait lieu à des départs accidentels.

L'effort nécessaire pour faire partir le coup doit être de 3 1/2 à 4 1/2 kilog. Ce que l'on mesure en tirant sur la détente au moyen d'un pesant.

Nous résumons ici la construction générale de notre arme dont les dimensions doivent être réglées de manière à donner la double propriété d'arme de hast et d'arme de main.

Les parties principales à considérer sont : 1° la longueur du canon 0,81 centimètres, le poids de l'arme 4 k. 60, la position du centre de gravité, la longueur totale de l'arme, le calibre 11 $^m/^m$, l'épaisseur et les parois du canon, la dimension de la position relative de toutes les pièces de la platine et des garnitures.

Projectile. Cette balle est à rondelle circulaire sur la partie cylindrique servant à contenir la graisse pour lubrifier l'âme du canon.

Le cylindre a le diamètre exact du canon, les anneaux prennent seuls l'hélice des rayures et assurent le mouvement giratoire de la balle. L'évidement ici n'a d'autre but que de rapprocher le centre de figure vers le centre de gravité du mobile.

Cette balle pèse **28** grammes et donne une très forte pénétration.

Les anneaux circulaires suppriment la cravate obligatoire empêchant l'*emplombage* des parois de l'âme du canon.

Fusil B.

Le principe du mécanisme de cette arme, comme dans la précédente, se distingue par la mise à découvert de la tranche du tonnerre, sans aucun mouvement du canon.

Le marteau se trouve sur l'axe du canon, afin d'être toujours certain de l'efficacité de l'effet à produire par le percuteur, exempt de frottement et n'étant incliné, ni à droite, ni à gauche. Ce système simplifie aussi la construction de la platine dont on a pu diminuer les pièces et le coût. Le canon est en acier, le bois en noyer et tous les principes de construction du fusil A peuvent être appliqués à notre arme B dont les pièces sont : (Voir aux planches.)

A canon, B le bois, C la chambre conique ou logement de la cartouche métallique ; Q appareil de fermeture ; D position de l'appareil, la tranche du tonnerre dégagée; H percuteur ; F tige percutrice ; P culasse-mobile glissant dans deux rainures ; E fraisure du bourrelet de la cartouche; T boîte de culasse vissée sur le canon ; L grand ressort ; R griffe du grand ressort logeant la chainette; J gachette ; K détente; M N vis de platine ; P vis de fausse culasse placée entre les deux vis de platine et le pontet.

Pour charger cette arme, on abat le percuteur et on ouvre le tonnerre en agissant avec le pouce de la main droite sur la queue de prolongement de la culasse mobile, on introduit la cartouche, l'appareil se referme et l'arme est prête à faire feu.

Dans le cas où le détenteur serait obligé d'avoir son arme chargée pour les circonstances imprévues, il descend le percuteur jusqu'au cran d'arrêt, et peut attendre les événements dans cette position.

En ouvrant le tonnerre, la culasse mobile contenant la tige percutrice glisse dans ses rainures ; la partie postérieure de cette culasse est à angle obtus ainsi que l'arrière section de la boîte de culasse servant de point de résistance à l'appareil au moment de la déflagration de la charge, dont le choc renvoie la culasse mobile en arrière, où elle est reçue dans l'angle obtus de la boîte mobile.

Le principe du mécanisme peut se résumer ainsi :

1° Refoulement en arrière de la culasse mobile par la détente des gaz.

2° Calement de cette pièce dans l'angle obtus de la boîte de culasse.

5° Glissement en avant en agissant sur le bras de levier de l'appareil de fermeture où la culasse est adaptée dans les rainures.

Ainsi lorsque le choc des gaz a lieu, la culasse est refoulée en arrière et le mouvement de l'appareil de fermeture la fait glisser en avant. L'extracteur est ici un crochet adapté à l'appareil de fermeture.

Une fente dans la boîte de culasse donne passage à la tige percutrice qui reçoit le choc du percuteur sur un bouton ou chapiteau pouvant être saisi par le tireur, pour dégager momentanément la crasse qu'un tir prolongé aurait pu déposer dans le canal de la culasse et empêcher le mouvement de va-et-vient de la tige percutrice.

Une vis d'arrêt commande le glissement de la culasse dans ses rainures.

Pour démonter cette arme, on ôte le boulon de charnière et on dégage l'appareil de fermeture des femelles de la charnière en agissant sans effort dans la direction de l'axe du canon.

On enlève les garnitures du canon, on ôte la vis de fausse culasse et on enlève tout le systèmage de son encastrement après avoir dévissé la platine.

Nous avions toujours supposé que cette arme était un type de simplicité, elle eut les mêmes honneurs que le fusil A.

Nous avions imaginé une cartouche spéciale pour ce fusil à cause du déplacement forcé que cette munition subit dans ce système.

Dans cette nouvelle combinaison, nous avons supprimé le culot avec bourrelet, connaissant tous les inconvénients que donne la cartouche en clinquant n'étant pas mathématiquement logée dans la chambre et quand le bourrelet ne remplit pas convenablement la fraisure.

Cette nouvelle munition peut bouger dans son logement sur une longueur de 8 millimètres et rester intacte malgré toutes les imperfections qui peuvent se présenter, soit dans la chambre, soit dans la fraisure du bourrelet.

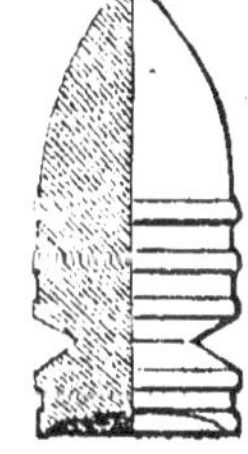

Projectile.

Poids 25 grammes, bonne pénétration et donnant une trajectoire rasante.

Les anneaux circulaires sur le cylindre de la balle font ici le même office que celui prescrit par le projectile du fusil A.

Fusil C.

Cette arme fut essayée au banc d'épreuves à Liége, vers la fin de 1866.

Nous avions l'intention de présenter cette arme à l'inspection à Liége et déjà nous avions réglé les questions de balistique, lorsque nous apprîmes au milieu de nos travaux que tous nos efforts étaient depuis longtemps inutiles.

Au tir à la cible à Anvers, les hommes de la compagnie que nous commandions ont tiré seize et dix-sept coups par minute. C'était la première fois qu'ils avaient le fusil en mains.

Ici encore la percussion est centrale et automatique. Le système est à tourillons.

Voici la nomenclature de cette arme :

A est le canon, B le bois, C l'appareil de fermeture portant une boîte, D le percuteur avec chainette et sa vis D, E boîte contenant la tige percutrice, F extracteur, J tige percutrice enroulée d'un ressort à boudin, I ressort de gachette avec sa vis U, K grand ressort avec griffe recevant la chainette, P lanière glissant longitudinalement en dessous du canon, commandée par les griffes de l'appareil de fermeture qui la font voyager d'avant en arrière ; la partie arrondie de cette lanière agit dans la gorge du percuteur et oblige celui-ci de se coucher, le bec de la gachette II maintient le chien dans cette position ; le fusil est à l'armer. A la distance de cinq centimètres et demi est vissé le ressort X agissant sur l'extracteur ; L prolongement du canon reliant le systémage de l'arme par la vis M ; N est la vis du grand ressort ; O le pontet avec sa vis Q et le battant de bretelle P ; Y est le ressort commandant l'extracteur lorsque celui-ci a renvoyé les débris de la cartouche ;

S est la vis de ce ressort et T est la vis de la lanière ; W partie
fraisée de l'appareil de fermeture.

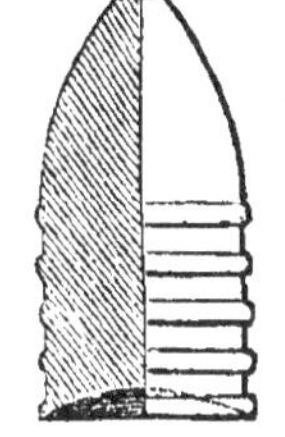

Projectile.

Cette balle pèse 25 grammes et répond
comme les précédentes à toutes les conditions pour obtenir un bon résultat du
tir.

Dans le chapitre relatif *à nos projets*
nous avons parlé de la poudre comprimée sans écrasement des grains afin
d'éviter le poussier,

Aujourd'hui des expériences se poursuivent activement avec
cette munition, mais au lieu de procéder comme nous, on fait des
tablettes de poudre de forme hexagonale ou ovoïde.

La section droite du disque de poudre comprimée affectant la
forme d'un hexagone à angles arrondis est en cet endroit du
diamètre de 5 centimètres 8, et de 5 centimètres 4 au diamètre
inscrit. Chaque disque est haut de 2 centimètres 5.

Il est percé de sept trous de 5 $^m/_m$ de diamètre chacun, savoir :
un trou au milieu du disque et un trou à hauteur de chaque
angle à 6 $^m/_m$ de l'extrémité.

Ces trous ou évents servent au sillonnement du dard du feu de
l'amorce et la transmission se fait vivement sur toute la longueur
de la charge dans les pièces de gros calibre.

Si on espère vaincre ainsi l'état brisant d'une poudre pour
l'arme à culasse mobile, on commet une grave erreur. Que les
éléments soient en grains ou en poussier, lorsque la déflagration
a lieu, la force de la détente des gaz sera toujours la même, et
les pièces d'artillerie de gros calibre, fussent-elles du diamètre de
0^m 225, à âme cerclée et en acier fondu, qu'on y mette le feu
par un fil électrique ou avec une mèche enflammée, le dégat de la
pièce, au bout de quelques coups, sera le même, puisque les
éléments de la matière première pour faire la poudre n'auront
pas été changés.

Mais il y a moyen de tout modifier en assurant la solidité de
l'appareil de fermeture et en laissant intact l'anneau obturateur
Broadwell, dans la pièce de M. Krupp.

Voici comment :

Pour détruire cette force brisante de la poudre, sans nuire à la force de projection, nous proposons d'ajouter aux éléments de la poudre une matière liant toutes les autres entre elles, servant de matelas résistant, sans empêcher la formation successive des gaz qui déplacent progressivement le mobile.

Ainsi, cette poudre se composera de soufre, charbon, salpêtre et gomme astragante qui ne laisse aucune trace mais offre, à l'état solde, de la résistance.

Cette gomme qui coule de deux arbrisseaux du genre *astragolus*, de l'Asie-Mineure, renferme plus de la moitié de son poids d'un principe insoluble dans l'eau, qui porte le nom de *bassorine*.

Opaque ou légèrement translucide, cette gomme est blanche ou jaunâtre, se présente en lanière ou filet élastique contourné. Quoique fort peu soluble dans l'eau, elle forme avec elle des mucilages d'une grande consistance, ce qui fait que les pharmaciéns et les confiseurs en font un usage très-fréquent.

C'est cette poudre nouvelle que nous proposons en certifiant son efficacité, comme effet de projection sans nuire à la solidité de l'arme nouvelle.

Mais là ne se bornent pas nos travaux. Il faut y ajouter d'autres fusils avec cartouches métalliques d'une construction nouvelle.

CHAPITRE XI.

Des conférences.

Nous ne terminerons pas ces dissertations sur le tir, sans dire quelques mots relatifs aux conférences.

Lorsque des ordres furent donnés pour que la saison hivernale fût occupée par des conférences régimentaires, il y eut une certaine opposition au point que quelques organes de la presse firent entendre des récriminations dans des articles signés par des *membres* ou des *ex-membres* de l'armée.

Cependant M. le ministre de la guerre n'innovait rien, toutes ces prescriptions datent de plus de vingt ans.

M. le Ministre visita les bibliothèques des divers régiments à Bruxelles et s'assura, en présence de MM. les généraux, de l'exécution de ces travaux si utiles et si nécessaires à une armée composée de tous les éléments de la société moderne.

Ce n'est pas seulement en Allemagne que ces réunions scientifiques ont lieu, mais cela se pratique aujourd'hui partout et dans toutes les classes de la société. Les conférences du ministère à Paris se donnent tous les mercredis par une *commission d'officiers* de toute la garnison de la capitale française et les salles sont trop petites pour contenir tous ces MM. désireux de s'instruire en écoutant des dissertations sur des sujets variés, traités parfois avec un véritable talent.

Dans le cours de nos conférences, nous avons fait ressortir l'importance de l'instruction du tir qui s'est accrue incontestablement.

Par ces faits seuls, un instructeur de tir devient un personnage indispensable dans chaque régiment.

En effet, comment obtenir de l'infanterie le résultat efficace d'une force qui réside exclusivement dans les feux, si cette infantérie ne reçoit par une instruction spéciale ?

Nous ne voulons pas supprimer complètement l'arme de hast, mais nous croyons que cette défense a beaucoup perdu de son efficacité, et qu'on pourrait même supprimer dans les manœuvres ces courses au *pas de charge en croisant la baïonnette* pour attaquer une position ennemie avec espoir d'en déloger les défenseurs ; à moins que l'ennemi n'ait commis l'imprudence de brûler précipitamment toutes ses munitions, ce qui arrive souvent dans l'excitation du combat.

C'est précisément parce que le tir peut être très rapide, qu'il doit être cadencé. Or, il faut que le tireur comprenne que le but principal est de réserver assez de munitions pour le coup décisif, à une minute donnée, par un feu nourri.

Or, cette *minute* ne peut être désignée que par le chef qui commande, et qui doit savoir juger du moment opportun.

Mais comment connaître cette science de l'art de la guerre et de la balistique, si difficile, si ce n'est par une instructiou graduelle donnée par un professeur ou instructeur chargé spécialement de cette branche de service devenue si intéressante depuis l'adoption des armes nouvelles ?

On a répondu partout à cette nécessité par l'installation d'écoles de tir.

En France, chaque régiment possède un capitaine de tir et un lieutenant ou sous-lieutenant est spécialement chargé du même service par bataillon.

Le capitaine instructeur de tir fait les conférences sur le tir aux officiers réunis, sous la présidence du lieutenant-colonel.

Le tir pratique de MM. les officiers est également dirigé en présence du même officier supérieur, par le capitaine de tir qui concourt, avec l'aide des officiers de tir des bataillons, à l'instruction théorique et pratique des sous-officiers du régiment et à l'instruction des jeunes soldats.

Cette fonction d'instructeur de tir se trouve donc parfaitement fixée, sans préjudice à aucune autre attribution des commandants de compagnie ou d'officiers spéciaux.

La direction des travaux balistiques serait ainsi mieux comprise.

Il est évident que cette science ne peut appartenir au personnel tout entier composant le cadre d'un régiment.

De là, impossibilité matérielle de se conformer aux prescriptions d'un règlement constatant les défauts inhérents au système d'armes avec chargement par la culasse.

Or, on doit être édifié sur la matière avant de pouvoir ordonner le remède aux inconvénients nombreux du tir et à l'exécution des ordonnances.

Toutes ces raisons ajoutées à l'influence croissante des armes à feu portatives nous portent à croire qu'on en viendra à faire aimer l'étude aride de la science balistique.

1° En formant une école de tir.

2° En désignant un officier de tir par bataillon.

3° En augmentant les séances de tir individuel.

4° En faisant des conférences sur l'historique des armes.

D'après nous, ce dernier point devrait être le sujet principal des conférences hivernales sur l'armement dans lesquelles on ferait l'histoire des armes, dès l'origine, et de la marche lente des principes sur lesquels le précis historique de l'armement s'appuie; les perfectionnements et les modifications successifs que la théorie jointe à l'expérience ont fait surgir, etc., etc.

Avec une instruction solide on pourra aborder la science aride de la balistique, dont le résultat sera toujours stérile si l'élève reçoit cette théorie comme une *corvée du métier.*

L'infanterie sera désormais appelée à jouer le rôle principal sur le champ de bataille, ce qui ressort du reste de l'étude de la campagne de 1866, où l'infanterie prussienne, par son aptitude à combattre sur le théâtre accidenté de la lutte, et surtout par l'effet terrible produit avec son armement nouveau, a exercé une

action décisive. Or, une nouvelle tactique de l'art de disposer les troupes commence. Nous ne sommes pas seuls à le dire, l'auteur de *l'instruction sommaire pour les combats*, instruction distribuée aux troupes françaises, dit :

« Les perfectionnements considérables introduits depuis quelques années dans le système de l'armement, la rapidité du tir du fusil d'infanterie, la mobilité, la portée, la justesse de l'artillerie doivent exercer une action importante sur la conduite des opérations de la guerre, et plus particulièrement sur la tactique du champ de bataille.

« L'expérience nous manque pour déterminer d'une manière précise et complète les modifications qu'il peut être nécessaire d'apporter à nos dispositions réglementaires, au point de vue de la formation de troupe sur le terrain, des manœuvres et de la manière de combattre.

« Mais l'étude attentive des propriétés acquises aux armes nouvelles conduit cependant à des observations générales dont il importe, dès à présent, de bien se pénétrer. » . . . .

Nous avons tenu à signaler ces paroles judicieuses d'une *instruction* faisant autorité dans l'armée française. Nous pouvions nous passer de cet appui, les faits étant assez péremptoires, mais nous avons voulu constater une fois de plus que nos idées étaient soutenues par des autorités irréfutables. Ainsi, dorénavant chaque arme aura sa *tactique particulière;* il est donc nécessaire que l'infanterie connaisse son arme et qu'elle puisse l'étudier, la fabriquer et l'expérimenter, comme le soldat artilleur fabrique et expérimente le canon.

Il y a danger réel dans les courses précipitées, soit en avant, soit en retraite, par le ballottement dans les jambes et les chutes qui peuvent en résulter devant l'ennemi et causer souvent la perte du combattant, surtout dans une surprise et alors que le tirailleur est forcé de battre en retraite ; et un inconvénient lorsque le soldat doit prendre une position accroupie dans les manœuvres de tirailleurs ou autres exercices.

Pour obvier à cet état de choses, nous avons cru qu'une réduction de la moitié de la longueur du fourreau serait un remède efficace.

Le premier modèle se compose d'un mouvement rentrant en forme de lorgnette, provoqué par le mouvement de : *tirer le sabre du fourreau.*

Le second modèle se compose d'un mouvement à bascule latéral.

La figure A se compose de :

1° Tuyau supérieur, 2° tuyau inférieur, 3° ressort qui maintient le tuyau inférieur lorsque le fourreau est réduit à 52 centimètres, 4° cuvette, 5° bracelet, 6° ressort saisissant la lame du sabre et obligeant le tuyau inférieur de s'emboiter dans la partie supérieure, par le mouvement de tirer le sabre du fourreau, 7° dard, pièce de sûreté pour la partie inférieure du fourreau et empêchant en même temps le ballottement lorsque le fourreau est emboité.

Figure B. Tuyau supérieur, 2° tuyau inférieur, 3° cuvette, 4° boîte à ressort, cette boîte est brasée au fourreau, 5° ressort avec crochet qui reçoit le cran du dard et maintient le fourreau dans la position raccourcie; les ailettes du crochet empêchent le ballottement du fourreau inférieur et la dégradation de la charnière, 6° ressort échancré qui reçoit la partie du bracelet et maintient la position du tuyau inférieur lorsque le sabre est au fourreau, 7° charnière et 8° dard et son échancrure.

ERRATA.

—

PAGES	LIGNES	LISEZ		AU LIEU DE
20	19e	planche V		planche IV.
75	3e	Nerenburg.		Merenburg.
116	9e	dans l'artillerie		dans la l'artillerie
122	17e	fût.		fut.
122	18e	diamètre.		épaisseur.
125	28e	0.89.		0.81.

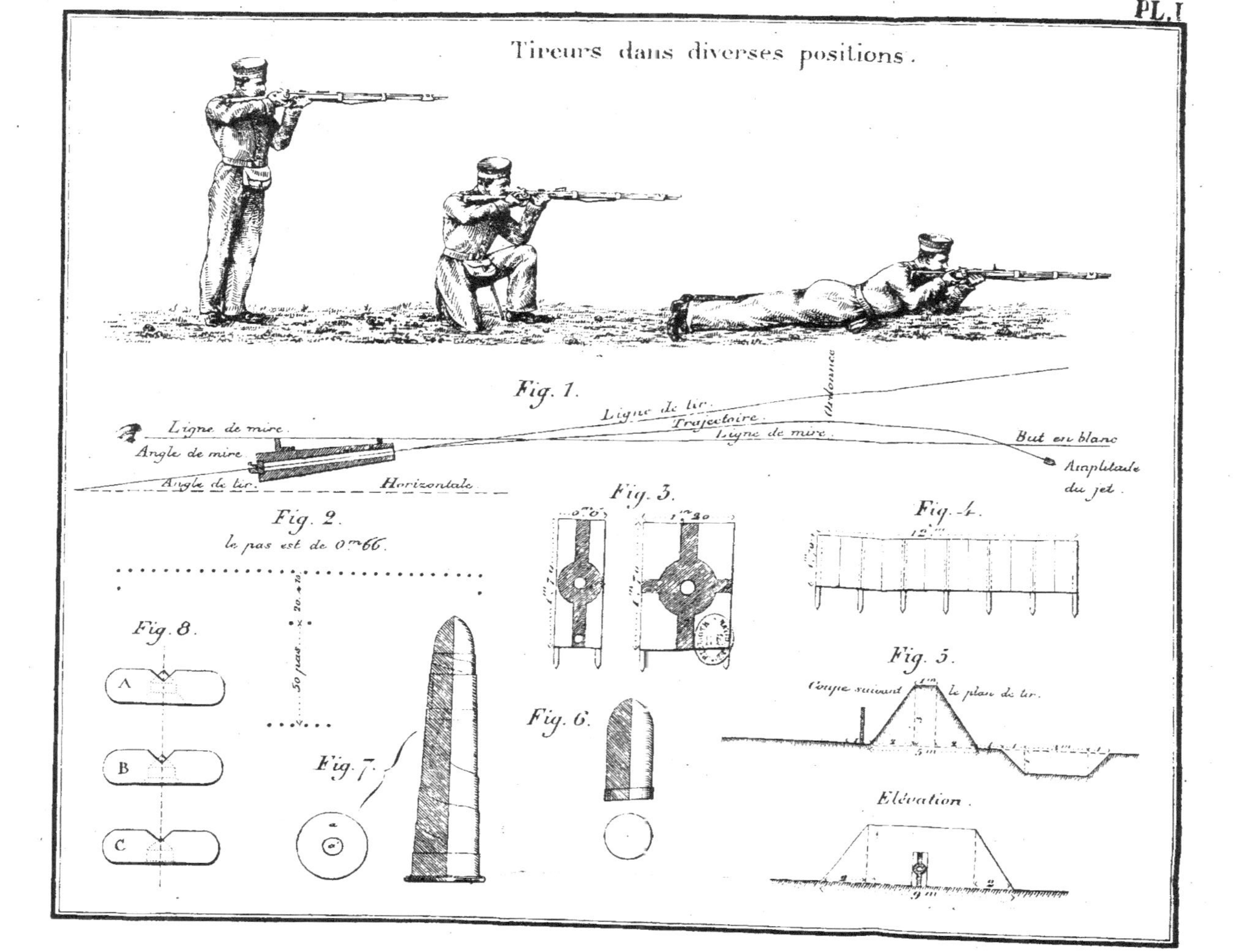

PL. I
Tireurs dans diverses positions.
Fig. 1.
Ligne de tir.
Trajectoire.
Ordonnée
Ligne de mire.
Ligne de mire.
Angle de mire.
But en blanc
Angle de tir.
Horizontale
Amplitude du jet.
Fig. 2.
le pas est de 0m66.
50 pas
20 à 25
Fig. 8.
A
B
C
Fig. 3.
0m75
1m30
Fig. 4.
12m
Fig. 5.
Coupe suivant le plan de tir.
Élévation.
9m
Fig. 6.
Fig. 7.

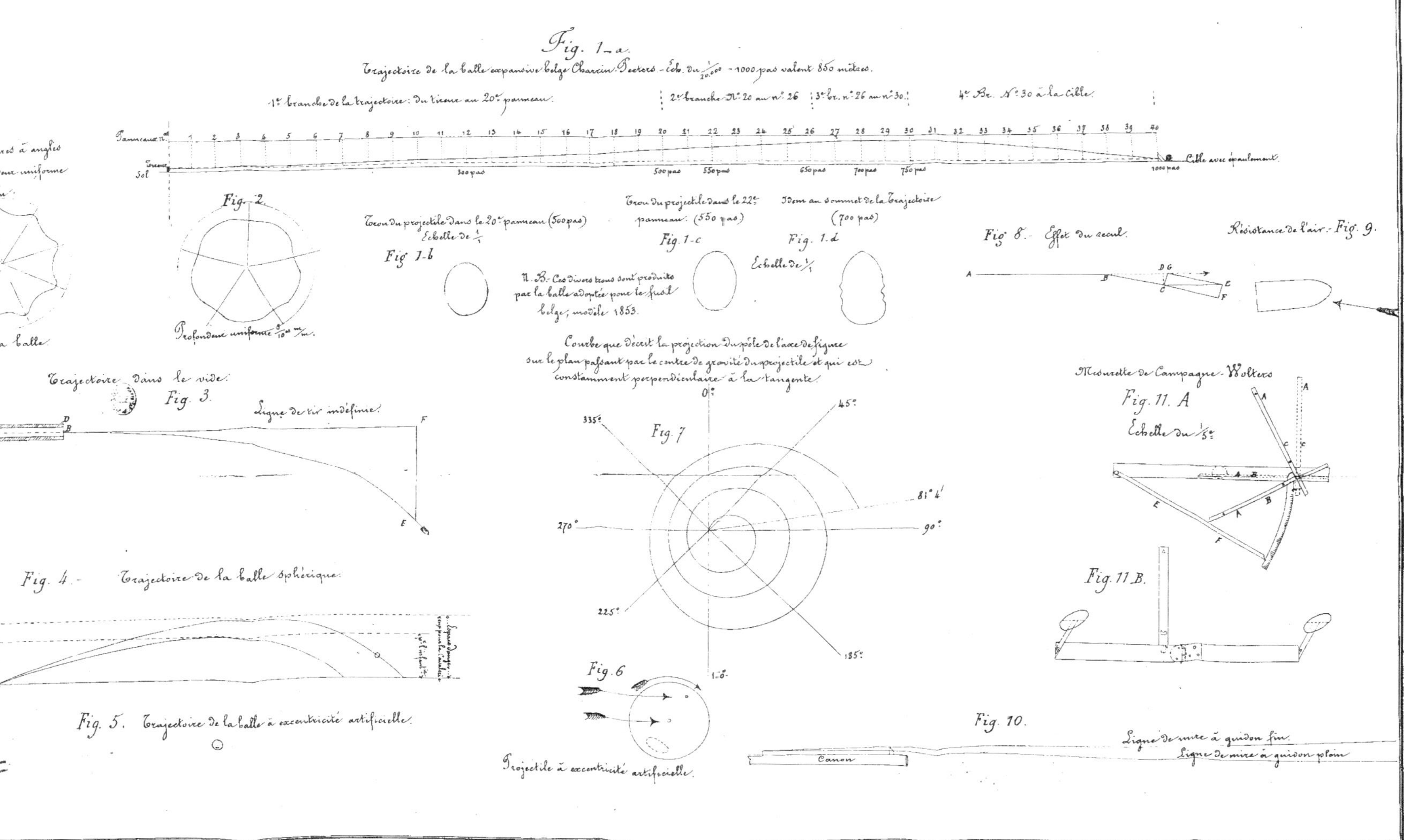
Fig. 1 - a.
Trajectoire de la balle expansive belge Chassin-Peeters - Éch. du 1/20,000 - 1000 pas valent 850 mètres.
1re branche de la trajectoire : Du tireur au 20e panneau.
2e branche N° 20 au n° 26 ; 3e br. n° 26 au n° 30 ;
4e Br. N° 30 à la cible.
Panneaux n°
Tireur sol
300 pas 500 pas 550 pas 650 pas 700 pas 750 pas 1000 pas
Cible avec épaulement
appuis à angles
fondue uniforme
la balle
Fig. 2
Profondeur uniforme
Trou du projectile dans le 20e panneau (500 pas)
Echelle de 1/1
Fig 1-b
Trou du projectile dans le 22e panneau (550 pas)
Fig. 1-c
Idem au sommet de la trajectoire (700 pas)
Echelle de 1/1
Fig. 1-d
N. B. Ces divers trous sont produits par la balle adoptée pour le fusil belge, modèle 1853.
Fig. 8. Effet du recul.
A B D G C E F
Résistance de l'air. Fig. 9.
Trajectoire dans le vide.
Fig. 3
Ligne de tir indéfinie.
D B F E
Fig. 4 - Trajectoire de la balle sphérique.
Fig. 5. Trajectoire de la balle à excentricité artificielle.
Courbe que décrit la projection du pôle de l'axe de figure sur le plan passant par le centre de gravité du projectile et qui est constamment perpendiculaire à la tangente.
Fig. 7
0° 45° 90° 135° 225° 270° 335° 81° 4' 1.0°
Fig. 6
Projectile à excentricité artificielle.
Fig. 10.
Canon
Mesurette de Campagne Wolters
Fig. 11. A
Echelle du 1/5e
A A C C E F B
Fig. 11. B.
Ligne de mire à guidon fin
Ligne de mire à guidon plein

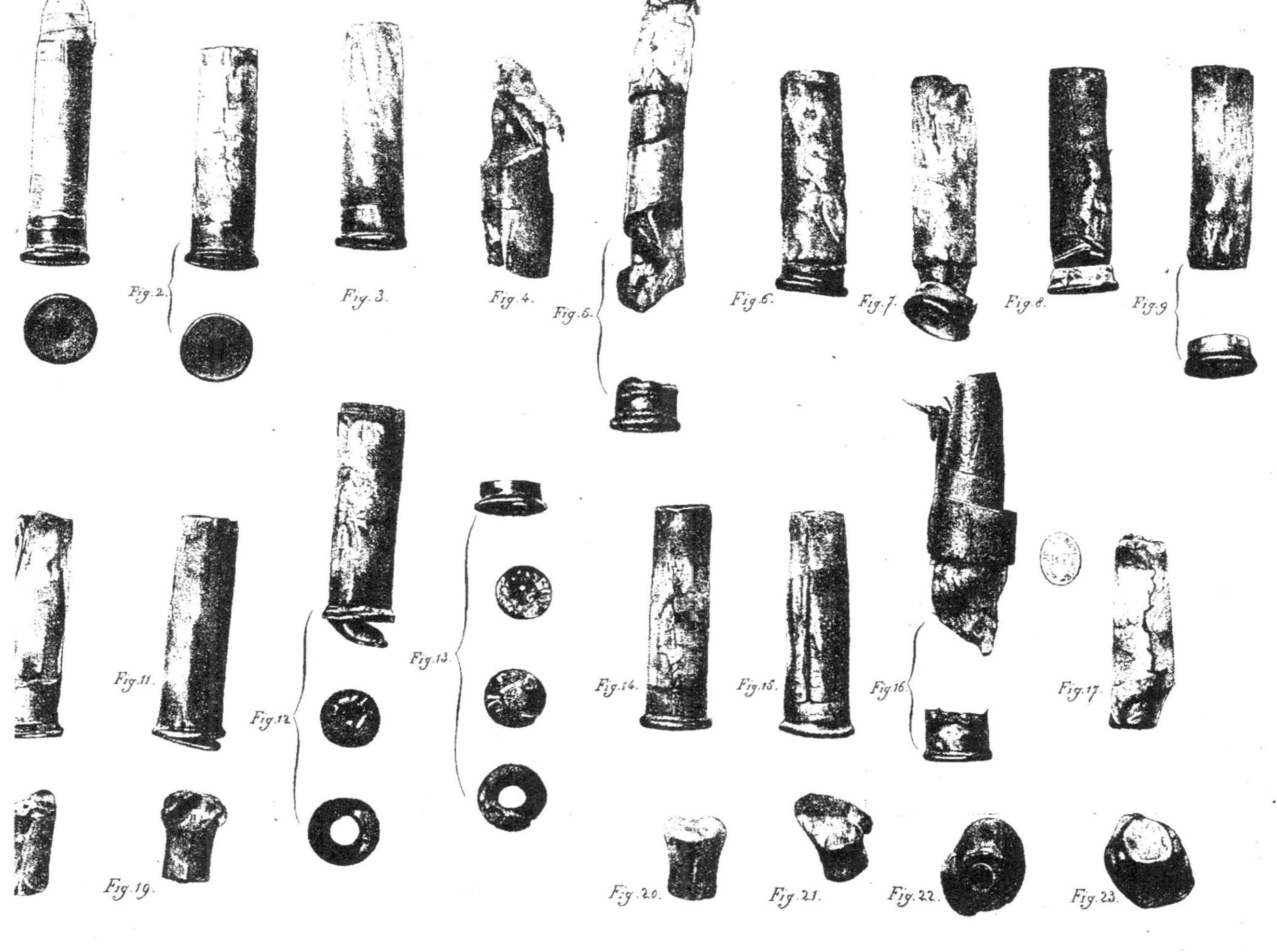

Fig.2.
Fig.3.
Fig.4.
Fig.5.
Fig.6.
Fig.7.
Fig.8.
Fig.9.
Fig.11.
Fig.12.
Fig.13.
Fig.14.
Fig.15.
Fig.16.
Fig.17.
Fig.19.
Fig.20.
Fig.21.
Fig.22.
Fig.23.

ARME ALBINI-BRANDLIN.

ARME DE VILLE-MASSOT.

postérieure.

Coupe Longitudinale,
position avant le tir.

Coupe Transversale,
suivant l'axe de la Clef.

Coupe longitudinale,
position après le tir.

ARME DE VILLE-MASSOT. (Perfectionnée)

Fig. 1bis

Fig. 1

Fig. 2bis

Fig. 2

Fig. 3bis

Fig. 3

LÉGENDE.

Arme De Ville-Massot

Fig 1 - Vue Latérale.
A. Culasse mobile avec cheminée a
B. Charnière de la culasse mobile.
C. Broche percutrice avec talon.
D. Boîte de culasse avec glissière d
E. Bouton de culasse.
F. Canon.
G. Extracteur.
S. Vis arrêt du bouton de Culasse.
Fig. 1bis - Section suivant XZ de la culasse
        mobile A.
Fig. 2 - Plan avec Clef poignée Q ou
        mentonnet M
Fig. 2bis - Plan, Mouvement de la broche
        C par la Clef poignée Q.
Fig. 3 - Section suivant le plan médian X'Z'
        Mouvement de l'excentrique Q', le pêne P'
        entré dans la gâche e.
Fig. 3bis - (Broche C oblique à percussion
        droite et centrale)
X. Ressort à boudin rappel du percuteur C'
P'. Pêne avec entaille recevant la broche C.
C'. Percuteur.
P. Verrou calant.
T. Bouchon-rondelle.

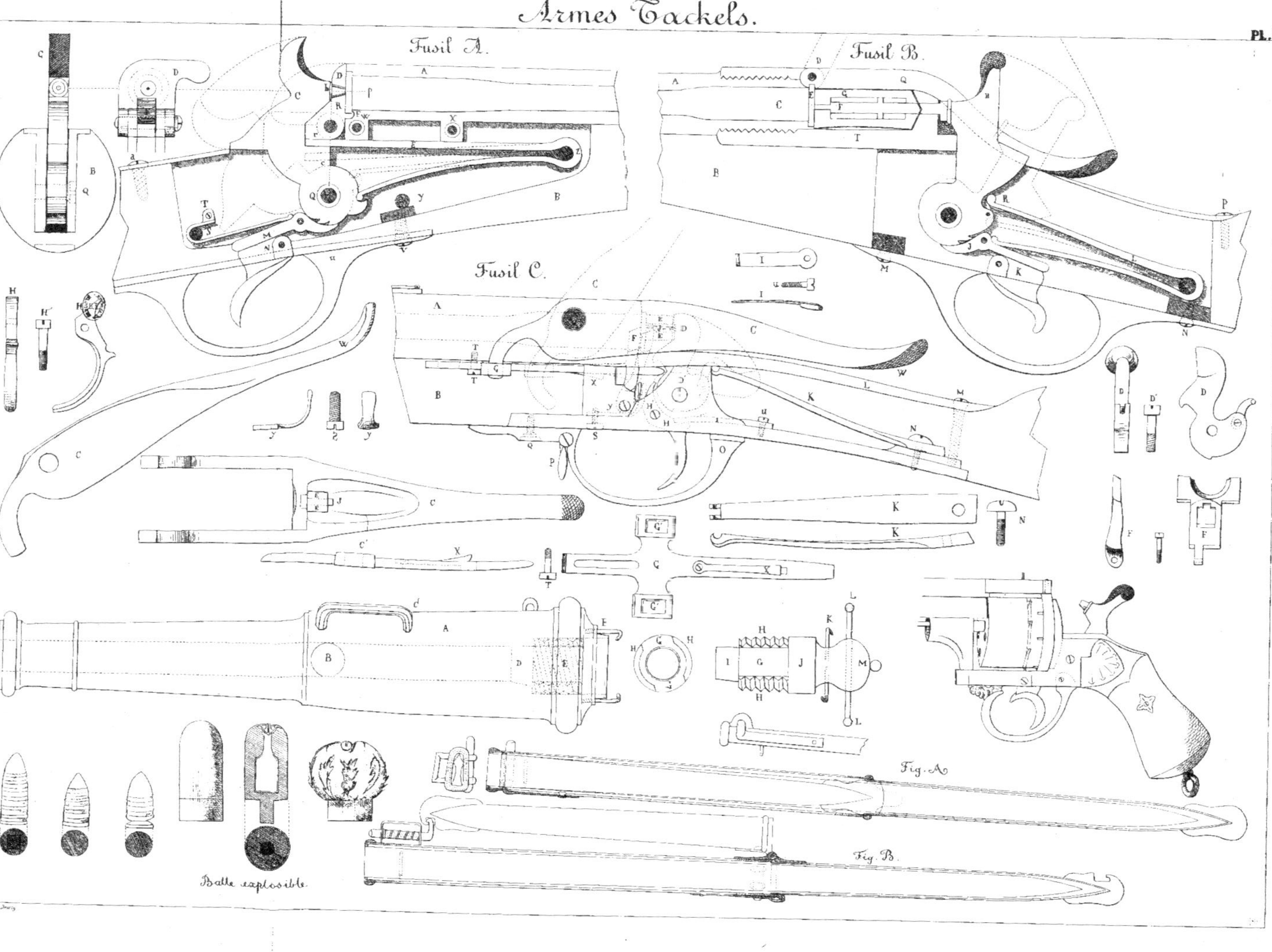

Armes Tackels.
PL. V
Fusil A.
Fusil B.
Fusil C.
Fig. A.
Fig. B.
Balle explosible.